KURT LUGER,
UTE GIACOMOZZI (HRSG.)

NEPAL - OFF THE BEATEN TRACK.
Reflexionen aus zwei Studienreisen

Der Tourismus ist eine Branche, die wie kaum eine andere ein kontinuierliches Wachstum aufweist und vor dem Hintergrund einer globalisierten Welt ständig an Bedeutung gewinnt. Wer an Tourismus denkt, hat in erster Linie Urlaubsreisen im Kopf, denkt an Erholung, an Ortswechsel und will „alltagsfremde Räume" (Pott, 2007: 9) entdecken und erleben.

Wenn man also Tourismus studiert oder lehrt, scheint es naheliegend, das Reiseerlebnis im Rahmen der Ausbildung in das didaktische Konzept zu integrieren und zwar in Form von Exkursionen. Zwischen Entdeckungsreisen und originaler Begegnung angesiedelt, gehören sie zum unumstritten anerkannten Bestandteil geographischen und damit auch touristischen Lernens. Sie bilden einen unverzichtbaren Bestandteil der Ausbildung. Im Rahmen der (Hoch)Schulbildung bieten gerade außerschulische Lernorte – und Exkursionen führen unweigerlich an Orte fernab des alltäglichen Lernumfeldes – die Möglichkeit Sach- und Methodenkompetenz auf- bzw. auszubauen und – fast noch wichtiger – mit allen Sinnen zu lernen und zu erfahren! Die unmittelbare Begegnung mit dem Lerngegenstand in dessen realer Umgebung gilt als Voraussetzung für die Vermittlung allgemeiner Vorstellungen und besonderer Erkenntnisse. (vgl. Neeb 2010, 15) Darüber hinaus steigert diese „Erfahrung im Original" die Motivation und das Interesse, fördert die Multiperspektivität und unterstützt das „Über-den-Tellerrand-blicken".

In den Jahren 2012 und 2013 entstand in Kooperation zwischen der Fachhochschule-Salzburg, Studiengang Innovation und Management im Tourismus, und Prof. Dr. Kurt Luger von der Universität Salzburg ein einzigartiges Konzept, (Tourismus)Studierenden aufzuzeigen, wie Tourismus außerhalb des bekannten österreichischen und europäischen Kontextes funktioniert und welche Herausforderungen und Möglichkeiten sich anderenorts für Touristiker eröffnen.

Insgesamt 25 Studierende hatten die Möglichkeit mit Nepal ein Land zu bereisen, das zu den ärmsten Ländern der Welt zählt. Die Herausforderungen, die das Land an seine westlichen Gäste stellt sind groß. Und auch die Herausforderung für die Studierenden, die vielfach zum ersten Mal in ein Entwicklungsland gereist waren, ist enorm. Um sich intensiv mit den persönlichen Eindrücken und Erfahrungen auch im Hinblick auf den Tourismus und der Tourismusindustrie auseinander zu setzen, wurden die Studierenden dazu ermutigt, sich mit einem Thema der Exkursion tiefer und detaillierter zu befassen und ihre Erkenntnisse in reflexiven Essays zu verschriftlichen. Ausgewählte Artikel werden in diesem Band publiziert. Sie geben auf einer ersten Ebene einen Einblick in Leben, Geschichte und Natur Nepals, und geben auf einer zweiten Ebene auch Aufschluss über die Rezeption von fremden Kulturen und somit den Ertrag von Bildungsreisen für die Studierenden.

Ute Giacomozzi & Kurt Luger

REFERENCES

Neeb, Kerstin (2010): Exkursionen zwischen Institution und Konstruktion. Potential und Grenzen einer kognitivistischen und konstruktivistischen Exkursionsdidaktik für die Schule. Dissertation, Universität Gießen.

Pott, Andreas (2007): Orte des Tourismus. Eine raum- und gesellschaftstheoretische Untersuchung. Bielefeld: transcript Verlag

INHALT

Herstellung und Verlag: BoD - Books on Demand, Norderstedt ISBN 978-3-7357-5811-8

NEPAL IM UMBRUCH - VON DER HINDU-MONARCHIE ZUR JUNGEN HIMALAYA-REPUBLIK

Kurt Luger, 2014

Alles Alte, soweit es Anspruch darauf hat, sollen wir lieben,
aber für das Neue sollen wir recht eigentlich leben.
Theodor Fontane

DAS VOLK AUF DER STRAßE DES SIEGES

Was für ein heißer *Baishakh* (April-Mai) 2006! Rebellion des Volkes, Demontage des Königs, Abschaffung der Monarchie, Wiedereinsetzung des Parlaments, Neustart des demokratischen Projektes, Friedensverhandlungen zwischen neuer Regierung und den Maoisten, die zehn Jahre einen Bürgerkrieg gegen das Königreich geführt hatten. Wie umfassend und weitreichend die Auswirkungen dieses gesellschaftlichen Umbruches sein werden, ist noch immer unklar, aber eines ist sicher: die nepalesische Gesellschaft befindet sich in einem kulturellen Taumel.

Die Ausgangslage: Ein König, der absolute Macht beanspruchte, der als Oberbefehlshaber der Armee die Macht nicht nur der Oberschicht hinter sich wusste, sondern auch jene der Waffen. Aufmerksame Konsumenten der immer kritischer werdenden Printmedien sowie einzelner Radiostationen konnten aber erahnen, dass königliche Arroganz den Bogen weit überspannt hatte und sich um die Parteien herum immer stärker Akteure der Zivilgesellschaft ins Geschehen einbrachten. Journalisten, Ärzte, Ingenieure, Studierende, Schüler, Lehrer, darunter viele mutige Frauen und im weitesten Sinn besser Gebildete, begannen öffentlich ihre Kritik zu äußern und trugen den Protest auf die Straße. Die Auslandsnepalesen ließen kein gutes Haar an der Entwicklung, die den Handel mit ihrer Heimat stark beeinträchtigt hatte. Die Tourismuswirtschaft verlangte dringend Schritte des Königshauses zur Lösung des Konflikts mit den Maoisten. Regierungen einflussreicher Geberstaaten sowie der Ratsvorsitz der Europäischen Union forderten den König auf, die demokratischen Grundrechte, die er eigenmächtig suspendiert hatte, sofort wieder in Kraft zu setzen.

Schickt den König in den Krieg, nicht das Volk

Die Wiedereinsetzung der Grundrechte forderten auch die Parteien, die sich zu einer Allianz der Sieben (SPA) zusammenschlossen. Tagelange Protestmärsche ihrer Kader heizten die Stimmung gegen den König auf und schließlich gelang es dieser Allianz, sich mit den Maoisten auf ein 12 Punkte-Abkommen zu einigen. Dessen hauptsächliche Ziele waren die Abschaffung der absoluten Monarchie, die Demokratisierung der Gesellschaft, die Ausarbeitung einer neuen Verfassung, die Respektierung der Menschenrechte und Medienfreiheit, freie Wahlen, die Kontrolle der nepalesischen Armee sowie der Rebellenarmee durch die UNO und die Herbeiführung von Frieden und sozialem Wohlstand für alle. Von Tag zu Tag wuchs der Protest auf der Straße, bis der König schließlich Ausgangssperren verhängte und der Armee Schießbefehl erteilte. Diplomaten versuchten den König zum Einlenken zu bewegen, drohten mit dem Abzug der Entwicklungshilfegelder, doch der Mann im *Narayanhiti Palast* blieb stur. Aber auch die Demonstranten, deren Zahl von Tag zu Tag größer wurde, weil die Maoisten ihre Anhänger aus den Dörfern mit Lastwägen in die Hauptstadt karrten, rückten nicht von ihren Forderungen ab und ignorierten die Ausgangssperre.

Friedlicher Protest und ziviler Ungehorsam in Nepal – die Forderung hieß *Loktantra,* echte, wahre Demokratie! Sollten Armee und Polizei auf hunderttausende Demonstranten, die auf der *Ring Road* und im Zentrum von Katmandu unterwegs waren, schießen? Selbst den Soldaten war anzusehen, dass sie lieber auf der anderen Seite gestanden wären, und so hielten sie sich mit Gewaltanwendung zurück. Trotzdem gab es 14 Tote und 5 000 Verletzte, mehr als 2 000 Personen wurden kurzfristig in Gewahrsam genommen, von der Polizei verhört und die war noch nie zimperlich, wenn es darum ging, Antworten aus Internierten heraus zu prügeln. Dennoch, die Macht des Königs zerbröselte von Tag zu Tag mehr, und als der indische Gesandte nach dem Besuch im Palast meinte, die Wiederherstellung der Demokratie sei unverzichtbar, war allen klar: das Volk hatte sich durchgesetzt, den mächtigen und sich selbst überschätzenden Monarchen in die Knie gezwungen. Kurz darauf hielt der König eine Fernsehansprache, in welcher er – den Wünschen des Volkes folgend – die Wiedereinsetzung des Parlaments ankündigte. Sein Gesichtsausdruck wirkte noch zerknirschter, seine Wangen hingen noch mehr und die Mundwinkel strebten noch deutlicher nach unten als sonst – die königliche Physiognomie war, wie sein Königreich als solches, vollkommen aus den Fugen geraten!

In den folgenden Tagen feierten die Nepalesen ihren Sieg über den wenig geliebten König. Das wieder eingesetzte Parlament verabschiedete eine Resolution, die in der *Nepali Times* als „Magna Carta des 21. Jahrhunderts" bezeichnet wurde. Seit diesem Tag ist „The Only Hindu Kingdom" Geschichte, der Hinduismus nicht mehr Staatsreligion und das Land eine Republik. Dem König wurde der Oberbefehl über die Armee entzogen und insgesamt die Flügel gestutzt. Er unterliegt von nun an der staatlichen Gerichtsbarkeit und muss Steuern zahlen. Schließlich wurde einstimmig ein Gesetz verabschiedet, wonach *Gyanendra Shah* kein Veto mehr gegen Gesetze einlegen und auch seinen Thronerben nicht mehr bestimmen kann. Damit spielt er nur noch eine zeremonielle Rolle – und auch die wollten ihm die Maoisten gleich nehmen.

Nach zehn Jahren Bürgerkrieg und fünf Jahren ohne funktionierendes Parlament, nach ständig wechselnden Regierungen und Ministern, atmeten die Nepalesen auf und schöpften Hoffnung. Die ersten Verhandlungen zwischen Maoisten und der neuen Regierung stimmten optimistisch. Erleichterung war nach den vielen Jahren des Bürgerkrieges, der Gewalt, der Verschleppungen, der massiven Behinderungen im Alltag der Menschen zu spüren, ein kollektives Durchatmen; die Glocke der Depression, die über der Hauptstadt hing, hatte sich kurzerhand verzogen. Zwischen den Verhandlungspartnern wurde über etliche Punkte ein Einvernehmen hergestellt und eine Roadmap sah vor, schnellstens eine verfassungsgebende Versammlung einzurichten. Auch das Parlament war bestrebt, mit der neuen Geschwindigkeit Schritt zu halten und verabschiedete Gesetze wie die deutliche Besserstellung der Frauen in öffentlichen Ämtern. Das ändert jedoch nichts daran, dass nur eine Frau in der ersten Regierung nach der Monarchie saß. Es wird wohl noch Jahre dauern, bis der politische Umsturz im Himalayastaat die Basis erreicht. Dennoch hofften alle, dass sich Parteien und Maoisten ihrer Ideale erinnern und sich in der Praxis davon leiten lassen. So wäre das Volk wohl zum ersten Mal auf der Siegerstraße.

Schlaglöcher auf dem Weg zum Frieden

Fünf Monate nach der Rhododendron-Revolution, der friedlichen Entmachtung des Königs, war das Parlament dabei, dem Land einen neuen Anstrich zu verpassen und eine Reihe von Gesetzen und Verordnungen zu erlassen, erste wichtige Schritte in Richtung echter

Demokratie zu setzen. Kinder alleinstehender Frauen bekamen das Staatsbürgerschaftsrecht und 45 % der öffentlichen Dienstposten sollten von *Janajatis*, von Personen besetzt werden, die zu den ethnischen Minderheiten des Landes gehören. Die Maoisten hatten während der Monate des Waffenstillstandes ihre Position gefestigt, beherrschten nach wie vor mehr als zwei Drittel der 75 Distrikte, insbesondere die schwer zugänglichen im Osten und Westen. In der Hauptstadt streikte wöchentlich eine Berufsgruppe und stets war sie maoistisch organisiert. Auf der Fahne der Gewerkschaft der Hotelbeschäftigten sind Gabel und Sichel aufgenäht, die Gewerkschaft der Tischler lässt die rote Fahne mit Schraubenzieher und Sichel flattern. Sie wollen alle mehr Lohn und können mit dem Rückhalt der Partei rechnen. Unternehmer, die sich weigerten, den Forderungen nachzukommen, wurden abends zu Hause von einer Delegation besucht. Sie waren danach meist von der Berechtigung dieser Forderungen „überzeugt". Bei dieser Gelegenheit wurde auch die Schutzgeldzahlung angepasst. Eine erhebliche Preissteigerung bei Benzin- und Heizölpreisen führte zu einer dreitägigen Blockade sämtlicher Straßen. Die Protestierenden – wiederum maoistische Kader an der Spitze – hatten gesehen, dass Widerstand erfolgreich sein konnte, wenn er von vielen Leuten formuliert und vehement genug vorgetragen wird. Drei Tage später wurden die Preiserhöhungen rückgängig gemacht. Allen wurde klar, dass im Land eigentlich zwei Regierungen tätig waren: die Koalition aus den Parteien, die aber intern schlecht abgestimmt und oft uneins bezüglich der Maßnahmen war und das Zentralkomitee der Maoisten, das mit seinen Kadern alle Landgebiete, die Überlandverbindungen und die Straßen von Katmandu beherrschte.

Premier Koirala, ein langjähriger Gegner des Königs, nahm sein taktierendes Spiel, das alle seine bisherigen Regierungsjahre gekennzeichnet hatte, wieder auf. Die Entscheidung über das Königreich müsse per Volksentscheid fallen, meint er, während die Maoisten den König in die Wüste schicken wollten und für einen Präsidenten plädierten. Sie gaben sich aber auch mit dem Volksentscheid zufrieden, da sie glaubten, das Volk auf ihrer Seite zu haben. Ihnen war vor allem wichtig, in die Entscheidung über die zukünftige Verfassung eingebunden zu werden. In ersten Gesprächen zwischen Koirala und dem Maoistenchef Prachandra wurde die Lage sondiert. Der Premier verlangte von den Maoisten die Zeit des Waffenstillstands zur Selbstentwaffnung zu nutzen. Erst dann sollten sie in die Verhandlungen über die Zukunft des Landes oder gar in eine Übergangsregierung eintreten können. Dafür hatte Pushba Kamal Dahal, genannt *Prachandra*, bestimmt nicht zehn Jahre im Untergrund verbracht und im Dschungel gelebt! Jedenfalls sind aus dieser Uneinigkeit über die Voraussetzungen für einen Friedensdialog – Entwaffnung der Maoisten, Rückzug der Militärs in die Kasernen – die Verhandlungen über die Zukunft des Landes erheblich ins Stocken geraten. Zudem favorisierten die USA und Indien eine Regierung ohne die Maoisten.

Während der 85jährige Premier erheblich kränkelte und kaum noch öffentlich in Erscheinung trat, flimmerte Genosse *Prachandra* fast täglich über die Bildschirme, gab Interviews im Radio und sonderte Statements für die Zeitungen ab. Er stellte sich öffentlich hinter das Abkommen mit den Parteien und erklärte landesweit, dass die Maoisten nicht in den Dschungel zurückkehren wollten. „Wir stellen uns der demokratischen Herausforderung" verkündete er zum Staunen seiner Anhänger, zur Not wohl auch mit Waffen! Gleichzeitig führten die Maoisten Verurteilungen durch ihre Standgerichte weiter aus, rüsteten ihre Armee auf und formten Milizgruppen. Von ihrer Forderung nach einer verfassungsgebenden Versammlung wichen sie nicht ab. So wuchs auch der Zweifel in der Bevölkerung, ob es in absehbarer Zeit zu einer friedlichen und dauerhaften Beilegung des Konfliktes kommen würde. Viele misstrauten den Maoisten, hatten sie doch tausende Menschen verschleppt und misshandelt. Die Opfer bzw. deren Familien forderten Entschädigungen. Etliche humanitäre Organisationen wie das Internationale Rote Kreuz versuchten zu vermitteln und Entführte wieder in ihre Dörfer zurückzubringen.

So wuchs der internationale Druck, denn auch die USA und die UNO mischten sich zusehends ein. Indien, das selbst bis heute ein Problem mit maoistischen Aufständischen zu bewältigen hat, wollte erreichen, dass die Maoisten in Nepal ihre Waffen niederlegten. So geriet die Auseinandersetzung um die Zukunft Nepals ins Stocken. Es wurde herumlaviert wie einst zu Beginn der 1990er Jahre, als man die ersten Gehversuche mit der Demokratie, Parlament und konstitutioneller Monarchie unternahm.

Der unerwartete Frieden

„Mit dem heutigen Tag wird die Politik des Tötens, der Gewalt und des Terrors ersetzt durch eine Politik der Versöhnung" – das erklärte Premierminister Girija Prasad Koirala am 21. November 2006, anlässlich der Unterzeichnung des umfassenden Friedensabkommens (Comprehensive Peace Accord). Der Genosse Vorsitzende der kommunistischen Partei/Maoisten stellte fest, dass mit der Unterzeichnung des Abkommens zwischen ihm und dem Premier eine 238 Jahre dauernde Tradition des Feudalismus gebrochen wurde. Das sei ein *„Sieg des nepalesischen Volkes über die regressiven Mächte und der Beginn einer neuen Ära"*.

In dem Abkommen, das die beiden politischen Füchse ausgehandelt hatten, wurden die Schritte zur „Normalisierung" des Lebens in Nepal geregelt und der Volkskrieg („people's war") offiziell für beendet erklärt. Es sah vor, dass die Maoisten am 1. Dezember 2006 mit etlichen Ministern in die Interimsregierung eintreten. Diese sollte die Wahlen und eine verfassungsgebenden Versammlung im Sommer 2007 vorbereiten. Die maoistischen „Volks-gerichte" sollten geschlossen werden, Entführungen, das spurlose Verschwinden von poli-tischen Gegnern, erzwungene Steuerzahlungen sowie Rekrutierungen für die »Volksbefreiungsarmee« eingestellt werden. Die Rebellen sollten ihre Waffen einer UN-Kontrolle unterstellen und in festgelegten Bezirken kaserniert werden. Eine Wahrheits- und Versöhnungskommission wollte Menschenrechtsverletzungen untersuchen. Armee und Guerilla sollten sich gegenseitig über verminte Gebiete informieren, um sie in den nächsten Monaten von der tödlichen Gefahr zu säubern.

Diplomaten aus aller Welt, unter ihnen auch die Botschafter der USA, Indiens und Chinas, sowie der persönliche Repräsentant des UNO-Generalsekretärs nahmen an der Zeremonie teil. Wie alle anderen Anwesenden äußerte sich dieser zufrieden über das Abkommen und gab seiner Hoffnung Ausdruck, dass baldigst ein weiteres Abkommen zwischen Regierung, Maoisten und UNO folgen werde, mit allen Details über das Waffenmanagement. Der Sprecher des indischen Außenministeriums bemerkte, der Pakt entspreche dem überwältigenden Wunsch der Nepalesen nach Frieden und Stabilität.

Auf den Straßen Katmandus und in anderen Städten des Landes jubelten und tanzten die Menschen unter Lichtergirlanden. Ein Silberstreif am Horizont tat sich auf.

Rasender Stillstand

Die Erwartungen waren immens hoch. Die Republik und der Parlamentarismus hatten gesiegt. Aber dieser stand schon damals auf extrem schwachen Beinen und er schwächelt heute mehr denn je, weil Parteien und die Politiker der alten Garde nicht konsensfähig sind und ihre persönlichen Begehrlichkeiten über alles stellen.

Von den rebellischen Maoisten, die die ersten Wahlen der Republik dann haushoch gewonnen hatten – wenngleich viele Einschüchterungen, Bedrohungen und sonstige Wahlmanipulationen durch ihre Anhänger das Ergebnis erheblich verfälschten – nahm man an, dass sie einen frischen Wind in die erstarrte Szene bringen würden. Aber nach kurzer Zeit schon konnte man feststellen, dass auch sie zu allererst Politiker waren und die politischen Aktionen mit ihrer Rhetorik in keiner Weise Schritt hielten. Aber 2007 schwebte über dem Land ein goldener Baldachin der Zuversicht und der Hoffnung auf ein Leben, in dem der Staat und seine nachgeordneten Organe wie die Stadt- und Regionalverwaltungen ihre Aufgaben erfüllen würden. Sie sollten für ausreichend Elektrizität und sauberes Wasser sorgen, eine funktionierende Müllabfuhr garantieren, Krankenhäuser und Schulen sollten ihrer Aufgaben gerecht und die geleisteten Steuereinnahmen für den Bau von Straßen, Brücken und Kraftwerken bzw. andere kommunale Zwecke verwendet werden, jedenfalls nicht fast automatisch in den Taschen der Bürokraten und Politikerelite verschwinden. Diese Hoffnungen haben sich zusehends in Luft aufgelöst. Sie hängen seit mehreren Jahren wie eine zähe Smogwolke über dem Katmandu Tal und die Menschen warten auf den nächsten Sturm, der ihnen endlich frische Luft zum Atmen ermöglicht.

Es geht vorwärts

Die Verfehlungen der früheren Regierungen und die Missstände, die sie als Erbe hinterlassen haben, wird man so schnell nicht loswerden. Aber dass eine ganze Legislaturperiode kein landesweiter Konsens für eine neue Verfassung zu finden war, ist enttäuschend und hat dem Land den Schwung und den Menschen die Zuversicht genommen. Dass doch Veränderungen geschehen, versuchte die zuletzt amtierende Regierungskoalition mit der Durchführung von Infrastrukturprojekten symbolisch wie praktisch zu beweisen. Dieses schwächelnde politische Ensemble wurde von dem konsequentesten Denker der Maoistischen Partei Nepals, Baburam Bhattarai, als Premierminister geführt. Es geht auch irgendwie vorwärts – vor allem mit den Bulldozern durch die Landschaft. Selbst Katmandu wird von den Großgeräten des Straßen-baus belagert und von einem Bauboom geprägt. Viele Wohlhabende investieren ihr Kapital in Hochhäuser, die Stadt wächst in die Horizontale wie in die Vertikale. Der Verkauf der unzähligen neu geschaffenen Appartements gestaltet sich allerdings nicht immer so profitabel wie erwartet. Der Immobilienboom flacht schon wieder ab und wird wohl demnächst vorläufig in einer Blase enden.

Gleichzeitig treibt die von der Regierung eingesetzte Stadtverwaltung von Katmandu unter der Leitung eines früheren Bürgermeisters ein urbanes Entwicklungsprojekt voran, das die Stadt an den überbordenden Verkehr anpasst. Hunderte, meist illegal errichtete Häuser und kleine Geschäfte entlang etlicher Magistralen wurden abgerissen und wie um die Mitte des 19. Jahrhunderts in Paris Schneisen durch die Stadt geschlagen, Durchzugsstraßen auf ein Mindestmaß von elf Meter verbreitert, um damit dem Verkehr eine angemessene Geschwindigkeit zu erlauben. Durch den Zuzug von einer halben Million Menschen in die Stadt während des Bürgerkriegs war die Verkehrsbelastung immer unerträglicher und die permanenten Staus auf den viel zu schmalen Straßen auch zu einem Symbol für den gesellschaftlichen Stillstand geworden.

Saßen früher der König und seine *Maharani* im weißen Mercedes, oder der Thronfolger, der mit seiner Entourage auf dem Weg zum Federballspiel war, so hockt jetzt der Premier oder einer der vielen Minister in der ledergepolsterten Luxuslimousine. Das Leben für die Subsistenzbauern wie für die einfachen Leute in den Städten hat sich in der Republik nichts geändert. Sie haben heute nicht mehr Rupien im Sack, vielmehr wird täglich alles teurer! Benzin und Diesel kosten fast so viel wie in Österreich – pro Liter 1.20 Euro im Schnitt, das durchschnittliche Monatseinkommen liegt aber noch immer um die 300 Euro. Wie soll man da seine Kinder ordentlich ernähren, ihr Schuldgeld zahlen, etwas für schlechte Zeiten auf die Seite legen und sich jene Medizin leisten, die nötig ist, um in Katmandu mit seiner horrenden Luftverschmutzung überleben zu können?

Die Schweiz Asiens
Viele Nepalesen hatten wohl gedacht, was einmal in Programmen der Maoisten steht oder auf ihren politischen Versammlungen gepredigt wurde, das würde auch in der Realität nicht mehr lange auf sich warten lassen. So entstehen Enttäuschungen. Von der Umsetzung des Programmes der Maoisten – angefangen von den berühmten 40 Punkten, die die Rebellen im Kampf für eine demokratische Gesellschaft formulierten bis zu ihrer politischen Agenda zur Wahl 2006 – sind wohl die meisten enttäuscht. Von den Führern wurde viel zu viel versprochen – Nepal sollte zur Schweiz Asiens werden – und sehr wenig in die Praxis umgesetzt. *Prachandra*, der große Rebellenführer, vor dem einst das ganze Land zitterte, ist auch nur ein populistischer Versprecher, ein Toskana-Linker. Was er an Glanz seither verlor, hat er an Gewicht zugenommen. Seine Rebellenpartei hat sich daher auch gespalten – in einen gemäßigten, pragmatischen, wenn nicht sogar schon „pragmatisierten" Flügel, der in den Ämtern und in der Regierung sitzt, und in einen ideologisch-fundamentalistischen, der bereit wäre, wieder in den Dschungel zu gehen, um für die Vollendung der Revolution zu kämpfen.

Auch die anderen Parteien sind mit sich selbst uneins oder streiten untereinander. Eines ist vollkommen klar: Ein gesellschaftlicher Konsens und eine mit Vernunft und Verantwortung betriebene Politik ist mit diesen Figuren wohl auch in der nächsten Dekade kaum möglich.

Eine Figur wurde aus dem Verkehr gezogen, als man die Monarchie abschaffte. Der abgesetzte König lebt in einem noblen Domizil am Stadtrand und füttert seine Goldfische. Er ist im öffentlichen Leben kaum präsent, wird aber als höchste Hindu-Gottheit verehrt und genießt seine Besitztümer, die er nach der Revolution alle behalten durfte. Das ganze Geschehen dürfte überhaupt von weltweiter Einmaligkeit sein: Die maoistische Guerilla gewinnt als Partei nach der Revolution die Wahlen, setzt mit dem Parlament gemeinsam den König ab und lässt ihn in Ruhe seinen Luxus genießen, reiht sich in den parlamentarischen Kanon ein und wird vom politischen Establishment augenblicklich aufgesogen, in Windeseile korrumpiert und ihrer linken Praxis entledigt. Eine solche wird aber von den ideologisch sattelfesten linken Studenten und Gewerkschaftern auf der Straße mit Nachdruck gefordert! Diese Fußtruppen der Revolution beherrschen noch die Praxis der gewaltsam durchgesetzten Streiks, der *bhanda*, die ganze Städte und Regionen, gelegentlich sogar das ganze Land lahm legten. Zu Zeiten des Bürgerkriegs gab es sie wöchentlich, so lange, bis alles Leben zum Stillstand kam.

Es passiert aber immer öfter, dass sich Bauern, Bewohner von Stadtteilen oder Frauengruppen zusammentun und die Streikenden verjagen, was nichts anderes heißt, als dass sie von dem ganzen Politrummel genug haben, von all den Parolen nichts mehr hören wollen. Sie verlangen vielmehr solide Regierungsarbeit auf allen Ebenen! Sie misstrauen mittlerweile allen Politikern ebenso wie den Bürokraten, die von diesen Politikern eingesetzt wurden, denn seit mehr als zehn Jahren wurde kein Bürgermeister mehr gewählt, auch kein Vorsteher eines Bezirkes oder einer Gemeinde. Sie wurden alle von den Regierungen als „CEO", als chief executive officer, also als Manager auf Zeit, eingesetzt. Qualifikation war daher nicht immer das ausschlaggebende Argument für die Besetzung eines solchen Postens. Vielmehr zählte, ob die Person die richtige Ideologie vertritt und ob durch sie Einfluss und Bestechungsgelder garantiert werden können.

Das eine oder andere hat sich aber auch zum Besseren verändert. Einige tausend Soldaten der Maoisten wurden in die nationale Armee integriert – ein großer Schritt auf dem Weg zu einer Aussöhnung der verfeindeten Lager, denn der Graben quer durch die Gesellschaft war ein äußerst tiefer. Die Flughäfen sind sicherer geworden – wenngleich nicht die Flüge in die Berge – und die landesweiten Impfprogramme erfolgreich sind. Dank vieler Entwicklungsprogramme stieg die Zahl der Hängebrücken erheblich und die neuen Straßen führen dazu, dass Kranke schneller in Krankenhäuser gebracht werden und Produkte unverdorben auf die Märkte gelangen können. Die landesweite Kampagne „Jedem Haushalt eine Toilette" zeigt großen Fortschritt und ist die beste Investition in eine basale Gesundheitsvorsorge. Drei Millionen Nepalesen im fertilen Alter arbeiten im Ausland – das senkt das Bevölkerungswachstum erheblich und ihre Überweisungen in die Heimat sind schon höher als das Staatsbudget. Aber täglich kommt mit den modernen Flugzeugen auch ein Sarg aus den Golfstaaten an. Dort bauen Nepalesen die Paläste und Hotels für die Superreichen und unter erbärmlichen Umständen errichten sie die Stadien für die Fußball Weltmeisterschaft in Katar.

Nach dem Ende des Bürgerkriegs stieg die Zahl der Touristen rasant auf 850 000 und das führt zu Einkommen in der Gastronomie und Hotellerie und auch zu Steuereinnahmen für den Staat. Die Arbeit des Amtes zur Untersuchung von Korruptionsfällen erfolgt heute effektvoller und ebenso selbstsicher, wie viele Frauengruppen ihre Forderungen selbstbewusst vortragen und sich Gehör verschaffen. Recht wird heute nicht mehr ganz so unverschämt gebeugt wie zu Zeiten der Monarchie.

DIE GANZ WAHRE DEMOKRATIE

Ausgerechnet am 19. November 2013, dem *Internationalen Tag der Toilette*, stand wieder eine entscheidende Wahl an. 601 Kandidaten wurden in die verfassungsgebende Versammlung gewählt, die gleichzeitig auch als Parlament fungiert. Die Verhandlungen für eine neue Verfassung waren in den letzten Jahren stets an den Fragen gescheitert, welche Regierungsform die richtige sei und wie sich die Ethnizität bzw. die ethnische Diversität des Landes in einer föderalen Struktur niederschlagen soll. Darüber herrscht nach wie vor Unklarheit. Es sind also auch kulturelle Fragen, welche die neue Machtstruktur des Landes prägen werden und das betrifft auch die über 20 Millionen Subsistenzbauern, die fernab der Hauptstadt der schwierigen Topographie tagtäglich ihre Lebensgrundlage abringen müssen.

Über 100 Parteien hatten sich zur Wahl gestellt und 33 hatten sie boykottiert. Bis zuletzt wurde versucht, die Wahl zu diskreditieren und so grenzt es an ein Wunder, dass internationale Wahlbeobachter wie Jimmy Carter, der ehemalige Präsident der USA, der Wahlkommission eine weitgehend ordnungsgemäße Durchführung bescheinigen konnte. Nepali Congress und Vereinigte Marxisten-Leninisten – die dominierenden politischen Parteien der letzten zwei Dekaden – legten gehörig zu, die Maoisten stürzten tief ab, erreichten nur noch 13 % der Stimmen bzw. 80 der 601 Abgeordnetensitze. Die beiden anderen Parteien erreichten zusammen 301 Sitze und sind darauf angewiesen, sich Partner für eine Koalitionsregierung zu suchen. Nach drei Monaten einigte man sich auf den Premier und wieder schaffte es ein Koirala aus der Kongresspartei an die Spitze. Bis die neue Regierung komplett ist und ihre Arbeit aufnehmen kann, wird es aber Monate dauern, zumal von 16 Parteien die Wahl angefochten wird. Den Maoisten wurden die Flügel ordentlich gestutzt, sie schrumpften auf ein Drittel ihrer bisherigen Stärke zusammen. Der Wille des Volkes, in dessen Namen die Rebellen ihren Guerillakampf ausgetragen hatten, hat sich offenbar verändert. Es sieht so aus, als würde das Volk nach dem Fiasko der letzten fünf Jahre den Maoisten nicht mehr zutrauen, den Staat mit Verstand und Bedacht neu zu strukturieren und das Land in eine bessere Zukunft zu führen.

Von dieser Neuordnung des Staates, von seinen Institutionen und seinen wirtschaftspolitischen Instrumenten wird es abhängen, ob das Land auf einen positiven Weg in eine Entwicklung findet, der die Talente der Menschen ebenso entfesselt wie die Produktivkräfte der Wirtschaft. Es müsste ein Weg in die Zukunft sein, der die Ressourcen schonend und seine Vorzüge produktiv wie imagebildend einsetzt, der einer wachsenden Zahl von Touristen den Eindruck vermittelt, sich in einem Land aufzuhalten, dessen Menschen zwar arm sind, aber doch ein Auslangen finden, das sie zufrieden stellt. Den allgemeinen Lebensstandard so weit zu heben und die krassen sozialen Ungleichheiten zu verringern, ist bei 30 Millionen Einwohnern wahrlich keine leichte Aufgabe. Aber die Hoffnung stirbt zuletzt und einige Erfolge bei der Erreichung der Millenniums-Entwicklungsziele der UNO sind sogar ermutigend. Die Zahl der Analphabeten hat abgenommen, ebenso die Müttersterblichkeit bei Kindsgeburt, die sanitären Verhältnisse haben sich gebessert und viele Dörfer haben ihr sprichwörtliches Schicksal in die Hand genommen, sind selbst aktiv geworden und warten nicht mehr bis Hilfe aus Katmandu oder aus dem Ausland in den Tälern ankommt.

So gesehen hätte sich der Umsturz also doch gelohnt – aber der Weg in eine demokratische Zukunft des Landes wird noch ein sehr, sehr langer sein und die Geduld der Nepalesen wurde schon lange Zeit auf die Probe gestellt. Bistaarai, bistaarai – langsam, langsam – so wird dieses faszinierende Land der höchsten Gipfel, der tausenden Götter und Göttinnen, der stolzen Pagoden und goldenen Tempel, der tanzenden Schamanen, der wogenden Reisfelder und blühenden Orchideen, der hinreißenden Frauen in Rot wie der unbeugsamen Männer mit ihren enormen Lasten auf dem Rücken seinen Weg gehen.

Wohin diese *long, long winding road* führen wird, steht in den Sternen. Es hängt wohl davon ab, was die nächsten Generationen aus dem Land machen wollen. Ob sie den westlichen Weg des entfesselten Individualismus und Materialismus einschlagen, oder ob sie trotz rasender technologischer Globalisierung ihr kulturelles Erbe bewahren können und die Traditionen, die ihnen bislang halfen, mit der Natur und ihrer sozialen Ordnung zurecht zu kommen, weiter zu tragen? Wo sie einmal ankommen werden, an welcher Weggabelung sie abbiegen – all das ist völlig unbestimmt. Sagte nicht ein Philosoph, der Umweg sei das Ziel?

BIBLIOGRAPHIE

Dixit, Kanak Mani /Shastri Ramachendaran (2002): State of Nepal. Lalitpur

Hatlebakk, Magnus/Charlotte Ringdal (2013): The Economic and Social Basis for State-Restructuring in Nepal. Katmandu.

Kumar, Dhruba (2012): Social Inclusion, Human Development and Nation Building in Nepal. Kathmandu.

Luger, Kurt (2014): Auf der Suche nach dem Ort des ewigen Glücks. Kultur, Tourismus und Entwicklung im Himalaya. Katmandu.

Toffin, Gerard (2012): From Monarchy to Republic: Essays on Changing Nepal. Kathmandu

BERGTOURISMUS IN NEPAL – DARGESTELLT AM BEISPIEL DES BERGDORFES MARPHA IM HIMALAYA GEBIRGE

Juliane Rettenbacher, 2012

EINLEITUNG

In Nepal ticken die Uhren ein wenig langsamer. Die Europäer haben die Uhr, die Nepali haben die Zeit, so ein altes Sprichwort. Trifft man sich um 09:00 Uhr europäischer Uhrzeit oder „Nepali time"? Hinter dieser Frage können für einen Europäer oft viele lange Minuten Wartezeit liegen. Dieses Prinzip steht wiederum auch für die Mentalität der Nepalesen als ferner dem Rhythmus der gesamten Entwicklung des Landes. Um die erfahrene Hotelierin Ambica Shrestha, Besitzerin des Hotel Dwarika's in Katmandu, zu zitieren: „These days everything in this country seems to be under construction". Alles ist im Umbau, Ausbau oder Aufbau und diese Entwicklung benötigt seine Zeit, besonders in einem Land wie Nepal wo es eine große Anzahl an „Baustellen" zu meistern gilt.

Hoch oben im Gebirge dreht sich die Welt nochmal ein wenig langsamer. Die landwirtschaftlich bewirtschafteten Landflächen werden weniger und zudem karger, die Wege von Dorf zu Dorf weiter und beschwerlicher. Bis 1950 war es nur wenigen Forschern, vor allem Geologen, mit Spezialgenehmigung erlaubt nach Nepal einzureisen bzw. das Land zu bereisen - durch die Öffnung Nepals kam es zu vielzähligen Entwicklungen und Veränderungen im Land. Touristen wurden durch die einzigartige Bergwelt und durch die landschaftliche sowie kulturelle Vielfalt des Landes angezogen. Nichts übt einen größeren Reiz aus als das Unbekannte! Für das bisher hauptsächlich von der Land- und Viehwirtschaft abhängige kleine Königreich wurde der Tourismus bald zur wichtigen Einnahmequelle. Doch alles Gute hat meist auch eine schlechte Seite. Welche positiven und negativen Folgen der Tourismus nach Nepal gebracht hat, wird nun in den nächsten Kapiteln näher erläutert. Die Grundlage für diese Arbeit stellt eine Studienreise nach Nepal im Mai 2012 dar, bei welcher unter anderem das Bergdorf Marpha im Himalaya Gebirge besucht wurde und vielzählige Eindrücke als auch Daten und Fakten gesammelt werden konnten. Gestützt wird die Arbeit durch diverse Basisliteratur zum Thema.

TOURISMUS IM ENTWICKLUNGSLAND NEPAL

Ca. 30% des Tourismus weltweit entfällt auf Entwicklungsländer, wobei die WTO in Zukunft von steigenden Marktanteilen dieser Länder ausgeht (Vgl. Bergner 2007: 18). Tourismus kann als Wirtschaftsmotor fungieren und bietet Ländern wie Nepal eine Möglichkeit für sowohl ökomische als auch infrastrukturelle Entwicklung. Die notwendige touristische Infrastruktur wie beispielsweise Verkehrsverbindungen wie Straßen oder Flughäfen oder auch die Erhaltung von Kulturschätzen sind nur einige der positiven Aspekte für Touristen aber auch für die Bevölkerung.

Das Bundesministerium für wirtschaftliche Zusammenarbeit und Entwicklung (BMZ) in Deutschland weist nachstehende gemeinsame Merkmale von Entwicklungsländern aus. Erstens sind in Entwicklungsländern weite Teile der Bevölkerung von Hunger und Unterernährung betroffen, verursacht durch unzureichende Versorgung mit Nahrungsmitteln (Vgl. BMZ 2010: o.S.). In Nepal spricht man beispielsweise vom Dal Bhat Index. Dal Bhat bezeichnet das Nationalgericht in Nepal (Linseneintopf mit Reis) – der Index besagt: wenn man zweimal am Tag Dal Bhat essen kann, gilt man bereits nicht mehr als extrem arm (Vgl. Luger 2012: o.S.).

Zweitens gilt große Armut im Land, verdeutlicht durch ein niedriges Bruttoinlandsprodukt (BIP) pro Kopf, als Kennzeichen von Entwicklungsländern (Vgl. BMZ 2010: o.S.). 30,5 Millionen Menschen leben laut Daten der Weltbank aus dem Jahr 2011 in Nepal, wobei die Bevölkerungswachstumsrate seit 2009 bei ca. 2% liegt (Vgl. Weltbank 2012: o.S.). In Nepal lag das BIP pro Kopf 2011 bei USD 616 (vgl. WKOa 2012: 1). Im Vergleich dazu lag das durchschnittliche BIP pro Kopf in den 27 Ländern der EU im selben Jahr bei EUR 25.106 (vgl. WKOb 2012: 2). Die Weltbank spricht dann von extremer Armut, wenn ein Mensch weniger als USD 1,25 pro Tag zum Leben zur Verfügung hat. 25% der nepalesischen Bevölkerung leben unter dieser Armutsgrenze, wobei die Rate im ländlichen Bereich bei 27,4% und im urbanen Bereich bei 15,5% liegt. (Vgl. Weltbank 2012: o.S.)

Eine geringe Lebenserwartung der Bevölkerung bzw. eine hohe Kindersterblichkeitsrate, beides ausgelöst durch unzureichende medizinische Versorgung, sind weitere Indikatoren für die Armut eines Landes (Vgl. BMZ 2010: o.S.). Besonders in den abgelegenen Bergregionen Nepals ist die medizinische Versorgung durchwegs unzureichend. In vielen Dörfern gibt es wenn überhaupt nur Medizinmänner bzw. -frauen, welche „Amji" genannt werden und ihre Patienten mit Kräutern und Naturheilmitteln behandeln. Der Weg in ein Krankenhaus mit schulmedizinischer Versorgung ist oftmals viele Stunden lang bzw. teilweise nur per Flugzeug zurückzulegen. Dementsprechend liegt die durchschnittliche Lebenserwartung in Nepal bei 68 Jahren (Vgl. Weltbank 2012: o.S.).

Außerdem gibt es in Entwicklungsländern, als Folge einer nicht flächendeckend verfügbaren Schulbildung, meist eine hohe Analphabeten Rate (Vgl. BMZ 2010: o.S.). In Nepal können sich viele Familien die Schulbildung für ihre Kinder nicht leisten, außerdem gibt es Randgruppen, wie Straßenkinder oder Kinder aus niedrigen Kasten, denen der Zugang zu Schulbildung meist verwehrt bleibt. Die Alphabetisierungsrate lag 2009 lediglich bei 59% (ab 15 Jahre), allerdings bei den 15 – 24 Jährigen bei 82% (Vgl. Weltbank 2012: o.S.). Man kann hier deutlich die Entwicklungen der letzten Jahre und Jahrzehnte erkennen – die junge Generation hat heutzutage weitaus bessere Chancen auf Schulbildung, als dies früher der Fall war.

Schlussendlich weisen Entwicklungsländer insgesamt einen niedrigen Lebensstandard der Bevölkerung sowie hohe Arbeitslosigkeit auf (Vgl. BMZ 2010: o.S.). Nepal wies 2011 eine offizielle Arbeitslosenrate von 8,8% aus (Vgl. WKOa 2012: 1). Die Haupteinnahmequelle der nepalesischen Bevölkerung ist nach wie vor die Landwirtschaft. Oftmals müssen große Familien mit mehreren Generationen durch die oftmals kargen, landwirtschaftlichen Einnahmen ernährt werden. Außerdem gibt es in Nepal keine flächendeckende Versorgung mit Strom, Trinkwasser bzw. Kanalisation. In der Hauptstadt Katmandu sind bis zu acht Stunden am Tag ohne Strom keine Seltenheit. Der Lebensstandard bewegt sich folglich fern jeglicher westlicher Standards.

Nepal: Von der Landwirtschaft zum Tourismus

Zu den bedeutendsten Wirtschaftssparten Nepals zählen zum einen die Land- und Forstwirtschaft sowie Fischerei und zum anderen der Tourismus (Vgl. WKOa 2012: 1). 30% der Flächen des Landes werden für die Landwirtschaft genutzt. Der Anteil von landwirtschaftlichen Erträgen am BIP lag 2011 bei 38% (Vgl. Weltbank 2012: o.S.). 68% der

Nepali sind in der Landwirtschaft beschäftigt, Nepal gilt als von der Subsistenzwirtschaft geprägter Agrarstaat (Vgl. Auswärtiges Amt 2012: o.S.). Zum Vergleich: 1992 betrug der Anteil der Beschäftigten im Sektor Landwirtschaft noch 93% (Vgl. OEFSE 2000: 24). Es ist somit ein klarer Trend weg von der Landwirtschaft, hin zu anderen Wirtschaftssektoren erkennbar. Da der Tourismus hohe Wertschöpfungsmöglichkeiten bietet, stellt er eine interessante, oftmals einfach umsetzbare Alternative bzw. Ergänzung zur Landwirtschaft dar. Auch die Regierung hat das Potential „Tourismus" erkannt und setzt vermehrt Maßnahmen zur Förderung des Tourismus.

Das Jahr 2011 wurde von der Regierung zum Jahr des Tourismus erklärt und unter dem Slogan „Naturally Nepal – once is not enough" sollten vermehrt Touristen ins Land gelockt werden. Der langfristige Plan der Regierung sieht vor, bis 2020 die Anzahl der Touristen auf zwei Millionen Ankünfte pro Jahr zu steigern – 2011 konnten 750.000 Ankünfte erzielt werden (Vgl. Pokhara Valley Tourism Council 2012: o.S.). Die bisherige Infrastruktur bietet allerdings nur eine ausreichende Kapazität für ca. 1 Million Ankünfte pro Jahr, diesbezüglich seien staatliche sowie private Investitionen in Planung. Tourismus gilt als „priority industry" – es sollen Investitionen vorrangig in diesem Industriesektor getätigt werden (Vgl. Pokhara Valley Tourism Council 2012: o.S.). Die bisherige Entwicklung der touristischen Ankünfte lässt das 2020-Ziel der Regierung als eher unrealistisch anmuten. Darüber hinaus erhält man im Gespräch mit im Tourismus involvierten Personen, wie beispielsweise dem Bürgermeister von Marpha, vermehrt Information, dass oftmals Gelder, die für den Tourismus bestimmt sind bzw. im Tourismus lukriert werden, nicht dort ankommen wo sie benötigt werden. Das schließe Eintrittsgelder ebenso ein, wie beispielsweise Gelder aus Entwicklungsprojekten.

Einen großen Anteil am Tourismus in Nepal nimmt der Bergtourismus ein, da der Tourismus der in Bergregionen stattfindet bzw. diverse Aktivitäten im Bergland beinhaltet. Nepal weist insgesamt eine Fläche von 147.181 km² auf und besteht vorwiegend aus Hügel- und Hochgebirgslandschaften (Vgl. OEFSE 2000: 3). Diese Flächen eignen sich meist hervorragend für Trekking (dem Wandern in den Bergen von Dorf zu Dorf) sowie zur Ausübung von Alpinsportarten wie Mountainbiking, Bergsteigen, usw.
Laut einer Studie des nepalesischen Ministeriums für Kultur, Tourismus und Zivilluftfahrt gaben 2010 11,6% der Touristen als Reisemotiv „trekking and mountaineering" an (Vgl. Ministry of Culture, Tourism and Civil Aviation 2010: 29). Dabei gilt zu beachten, dass über 50% der Teilnehmer der Umfrage „others" oder „not specified" angaben, was eine in Wirklichkeit höhere Rate der Trekking-Interessierten erahnen lässt, da beispielsweise allein das Trekkinggebiet in der Annapurna Region ca. 50.000 Touristen jährlich besuchen.
Laut einer Studie aus dem Jahr 2005, in welcher Touristen in Nepal zu ihren Reisegewohnheiten befragt wurden, gaben beispielsweise 69,5% der Befragten „Trekking" als Reiseaktivität an (Platz 2). 71,6% nannten „Sehenswürdigkeiten besuchen" (Platz 1), gefolgt von „Entspannung" (48,5%) und „Shopping" (47,5%). 48% derer die sich auf eine Trekkingtour begaben wählten wiederum eine organisierte Tour und 52% waren individuell unterwegs. 95% der Trekkingtouristen gaben an, in Lodges zu übernachten, wodurch direktes Einkommen in der lokalen Bevölkerung erzielt werden konnte (Vgl. Bergner 2007: 122f).

Tourismus in der Region Mustang

2010 verzeichnete Nepal rund 603.000 touristische Ankünfte, wobei die durchschnittliche Aufenthaltsdauer bei 12,67 Tagen lag. Die Hauptquellmärkte waren Indien, China, Sri Lanka sowie die USA und Großbritannien (Vgl. Ministry of Culture, Tourism and Civil Aviation 2010: 2). 2011 konnte die Anzahl der touristischen Ankünfte auf 750.000 gesteigert werden (Pokhara Valley Tourism Council 2012: o.S.). Nepal bietet seinen Gästen eine Vielfalt an Landschaft, Natur und kulturellen Eindrücken.

Die Region Mustang befindet sich im Norden von Nepal im Grenzgebiet zu Tibet. Mustang liegt in der Annapurna Conservation Area. Die Region Mustang stellt das beliebteste Trekkingziel Nepals mit dem bekannten „Jomsom Trek", welcher von Jomsom bis Pokhara verläuft, dar. „Mustang is noted for its wilderness, inaccessibility and ethnic and cultural uniqueness" (Sharma 2000: 81). Mustang steht für wilde und vielfältige Landschaft, für ethnische und kulturelle Einzigartigkeit. Durch seine Abgeschiedenheit und immer noch teils schwierige bzw. zumindest beschwerliche Erreichbarkeit – es gibt einen nationalen Flughafen in Jomsom, welcher allerdings nur von kleinen Passagierflugzeugen für ca. 15 Personen, nur bei guten Wetterbedingungen, von Pokhara aus, angeflogen wird – hat die Region Mustang ihren authentischen, nepalesischen Charme bisher beibehalten.

„The steep and forbidding hills have slowed the advance of western modernity" kann man auf einer Informationstafel des Tourismusbüros in Jomsom lesen. Der westliche Fortschritt wurde in Mustang bisher also weitgehend von den steilen und teils unüberwindbaren Gebirgen der Region aufgehalten bzw. in Maßen gehalten. Die Region Mustang besteht aus vielen, oftmals geradezu winzigen Bergdörfern mit unterschiedlichen ethnischen Gruppierungen und deren Traditionen. Mustang ist von der tibetischen Kultur und dem Buddhismus geprägt (Vgl. Sharma 2000: 84). Es befinden sich vielzählige buddhistische Tempel und Klöster in der Region. Buddhistische als auch tibetische Traditionen werden – teils über die Jahre hinweg vermischt mit hinduistischen oder ethnischen Einflüssen – praktiziert. „Zur ersten Tourismusform in Nepal zählte der Pilgertourismus, der seit dem Geburtsjahr Buddhas, […] 563 v. Chr. […], stattfindet." (Bergner 2007: 60) Aufgrund seiner vielzähligen religiösen Stätten gilt Nepal als beliebte Pilgerdestination, besonders für indische Gäste.

Mustang erzielte seine Einkünfte traditionell aus Land- und Viehwirtschaft sowie aus dem Salzhandel mit Tibet (Vgl. Sharma 2000: 81). Da die Landwirtschaft aufgrund der hohen Gebirgslagen und den teils schwierigen klimatischen Bedingungen oftmals nur sehr geringe Erträge bietet und der Salzhandel mit Tibet weitgehend an Bedeutung verloren hat, wurde der Tourismus als Wertschöpfungsträger für die Bergregionen entdeckt. Die authentische Kultur, Religion und Traditionen der Region und ihre einzigartige Berglandschaft bieten eine optimale Voraussetzung für eine touristische Destination.

TOURISMUS IN MARPHA

Erzählungen nach war der erste Tourist in Marpha ein buddhistischer Mönch namens Ekai Kawaguchi, welcher 1897 die Region Mustang und dabei auch das kleine Bergdorf Marpha besuchte. Die moderne Art des Tourismus in Marpha begann in den 60er Jahren mit einem Expeditionsteam aus Frankreich. Heute besuchen jedes Jahr ca. 37.000 Touristen aus der ganzen Welt das authentische Bergdorf (Vgl. Dhakal 2012: o.S.).

Das Bergdorf Marpha im Himalayagebirge, am Fuße des Mt. Daulaghiri, beheimatet heute – laut Auskunft des Bürgermeisters – ca. 250 Personen. Es liegt ca. 1,5 Trekkingstunden von

Jomsom entfernt, wo sich auch der einzige nationale Flughafen der Region Mustang befindet. Der Name Marpha entstammt den zusammengesetzen Wörtern „mar" (übersetzt schwer arbeitend) und „pha" (übersetzt Menschen), bedeutet also soviel wie „hart arbeitende bzw. tüchtige, fleißige Menschen".

Marpha liegt in der Region Lower Mustang, im tibetischen Kulturraum und weist vielzählige tibetische Züge auf, wie beispielsweise die tibetische Bauart der Häuser. Marpha ist gekennzeichnet durch seine dicht aneinander gebauten Gruppierungen von Häusern, die durch schmale Gassen verbunden sind.

Zwischen Landwirtschaft und Tourismus: Marpha Königreich der Äpfel

Die Haupteinnahmequelle der Bewohner Nepals ist die Landwirtschaft (Vgl. NTNC 2009: 1).

Abb. 3: Apfelplantage in Marpha

Viele Subsistenzbauern und deren meist große Familien sind von teils unwirtlichen landwirtschaftlichen Flächen in den Gebirgsregionen abhängig. In Marpha gibt es zwei Haupteinnahmequellen: Die Landwirtschaft sowie den Tourismus.

Marpha gilt als „kingdom of apple", also als Königreich des Apfels. Beinah jeder Haushalt, der Land besitzt, besitzt auch einen oder mehrere Apfelbäume. Der hohe Bekanntheitsgrad als Apfelkönigreich wirkt auch als unterstützender Faktor für den Tourismus. Viele Besucher kommen wegen seiner grünen Apfelplantagen und den daraus hergestellten Produkten nach Marpha. 30% der Ernte werden direkt in Marpha verarbeitet, das beliebteste Produkt aus den Äpfeln ist der sogenannte „apple brandy" – ein Apfelschnaps, welcher in Nepal sehr beliebt ist und als kostbares Geschenk gilt.

Weiter werden Produkte wie Cider, getrocknete Äpfel, Apfelsaft oder Apfelkuchen hergestellt. Über die tatsächliche Höhe der Wertschöpfung aus der Apfelproduktion gibt es leider keine Aufzeichnungen, sie gilt allerdings als die Haupteinnahmequelle des Dorfes (vgl. Dhakal 2012: o.S.). Seit die Infrastruktur es ermöglicht, hat sich der Apfelhandel bis Pokhara bzw. Katmandu ausgeweitet. Durch den vermehrten Handel aufgrund des Straßenbaus (Fertigstellung 2009) konnte auch eine Steigerung der Apfel Preise erzielt werden. Derzeit liegt der Preis je kg Äpfel bei ca. 70 Rupien (ACAP 2012: o.S.).

Der Apfelhandel bzw. Anbau findet gänzlich auf lokaler Ebene statt, es sind keinerlei große Firmen in die Produktion bzw. den Handel involviert (Vgl.

Abb. 4: typische Apfelprodukte

Dhakal 2012: o.S.). Die Wertschöpfung aus dem Apfelhandel verbleibt also in der Region.

Tourismus hat eine langjährige Tradition in Marpha, seit den 60er Jahren besuchen Touristen den kleinen Ort mit seinen markanten, schmalen Gassen und seinen freundlichen, geschäftstüchtigen Bewohnern. Der kleine Ort ist geprägt von Lodges und Hotels, Restaurants sowie Souvenir- und Handwerksläden. Die Hauptsaisonen in Marpha fallen auf März, April bzw. September bis November. Im Februar, Mai, Juni und Juli ist Nebensaison und von Dezember bis Jänner verirrt sich so gut wie kein Tourist nach Marpha. In Marpha befinden sich 17 Hotels bzw. Lodges und ca. 250 Personen sind direkt von den Einnahmen aus dem Tourismus abhängig. Weitaus größere Teile der Bevölkerung profitieren indirekt vom Tourismus – sie vertreiben ihre landwirtschaftlichen bzw. handwerklichen Güter an Touristen bzw. Beherbergungsbetriebe und Restaurants oder arbeiten als Führer bzw. Träger für Touristen. Es gibt eine lange Tradition in Marpha an touristischer Infrastruktur wie Lodges, Restaurants oder Souvenir-Shops. Die touristischen Betriebe in Marpha sind alle familiäre geführt und werden meist innerhalb der Familie von Generation zu Generation fortgeführt (Vgl. Dhakal 2012: o.S.).

Regionale Einflüsse von Kultur und Traditionen tibetischer Flüchtlinge

„Der tibetische Kulturraum umfasst nicht nur das tibetische Plateau mit dem autonomen Gebiet Tibet in der Volksrepublik China, sondern auch die südliche Randzone des Tibetischen Himalaja [...]." (Kostka 2010: 229). Die Region Mustang gehört folglich zum tibetischen Kulturraum, in welchem die tibetische Kultur und damit auch der Buddhismus von der Bevölkerung aktiv gelebt werden. „The last traces of Nepal disappear at Marpha; we are truly in Tibet" (Tucci 2003: 130) - 1952 unternimmt der Linguist und Tibetologe Guiseppe Tucci eine Reise durch Mustang, wobei er in Marpha mit seinen buddhistischen Tempeln und seinen Bewohnern ganz klar tibetische Kultureinflüsse erkennt. Der tibetische Einfluss prägt Kultur, Sprache und Religion der Einwohner Marphas. So befinden sich in Marpha befinden gleich zwei buddhistische Tempelanlagen.

Auch die Architektur der Häuser in Marpha entspricht der tibetischen Bauweise, ist allerdings an die vor Ort verfügbaren Ressourcen sowie die klimatischen Bedingungen angepasst. Man spricht hierbei vom „higher settlement suitable model", welches auch in den Bergregionen Dolpo, Manang oder Jumla angewandt wird (Vgl. Dhakal 2012: o.S.).

Die Bauwerke sind flach gehalten und meistens wird das Brennholz am Dach gelagert. Diese flache Bauweise hat den Nutzen, wenig Angriffsfläche für Wind zu bieten, die Region gilt als sehr windig. Marpha wurde bisher allerdings in der Regel von ernsthaften Monsun-Schäden verschont (Vgl. Dhakal 2012: o.S.). Im Untergeschoß werden in der Regel Tiere gehalten, das Erdgeschoß ist für Kochen und Beten gedacht und im Obergeschoß finden sich die Schlafstätten. Oftmals leben bis zu vier Generationen einer

Abb. 5: Baustil Marpha 1

Abb. 6: Baustil Marpha 2

Familie unter einem Dach (Vgl. Jomsom Tourist Information o.J.: o.S.). Vermehrt werden in jüngster Zeit auch modernere Häuser im westlichen bzw. urbanen Stil erbaut.

AUSWIRKUNGEN DES TOURISMUS

Marpha liegt in der Annapurna Trekking Area am Jomsom Trek (siehe Abb. 7), ca. 1,5 Trekkingstunden von Jomsom mit seinem nationalen Flughafen entfernt.

Im Jahr 2009 wurde der Straßenbau entlang des sogenannten „Jomsom Treks" nach Jahren

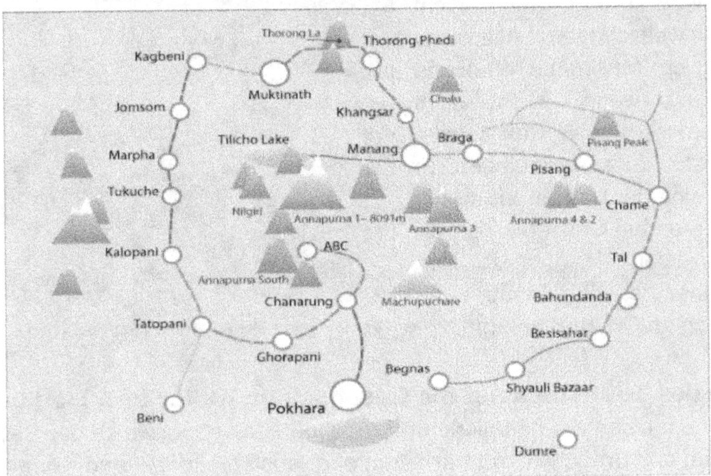

Abb. 7: Annapurna Trekking Area

fertiggestellt. Der Jomsom Trek führt von Jomsom über Muktinath nach Pokhara entlang des Kali Gandaki Tales, welches zwischen Daulaghiri und Annapurna gelegen – zwei der insgesamt 14 8000er – als das tiefste Tal der Welt gilt. Marpha liegt entlang des Treks zwischen Jomsom und Ghasa auf 2680 m Höhe (siehe Abb. 8).

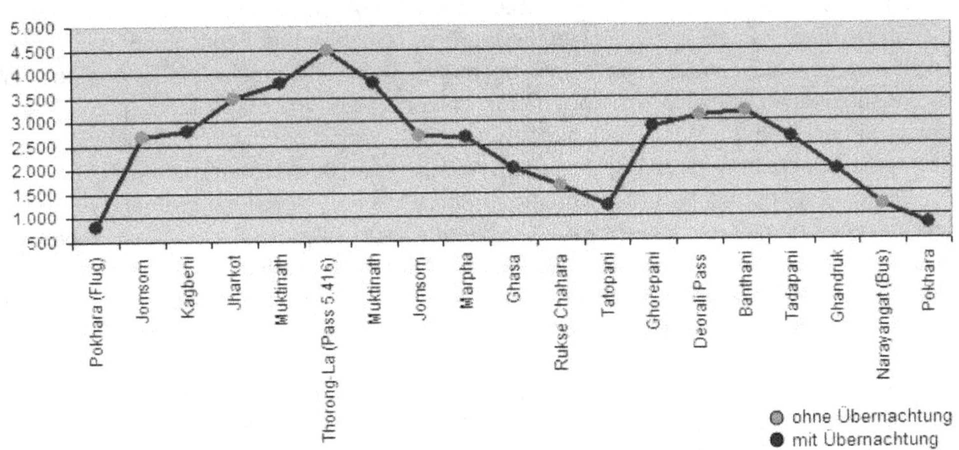

Abb 8: Jomsom Trek

Der Straßenbau entlang des Jomsom Treks führte sowohl zu positiven als auch negativen Aspekten für den örtlichen Tourismus. Zum einen hat der Straßenbau die Anzahl der Touristen, die die Region besuchen erhöht, gleichzeitig aber auch die Aufenthaltsdauer der Touristen minimiert (vgl. Dhakal 2012: o.S.). Die Jeeps und Busse, welche auf den einstmalig mit Verkehrsmitteln unpassierbaren Trekkingstrecken verkehren, verursachen eine starke Staubentwicklung, welche sich auf die Trekker als äußerst unangenehm auswirkt. Außerdem verunreinigen die Abgase der Jeeps bisher noch nicht abschätzbare Umweltschäden. Allerdings ist es nun möglich bestimmte Strecken weitaus schneller, wenn auch nicht unbedingt bequemer (oftmals sehr steile, holprige Straßenstücke) zurückzulegen. In Marpha befindet sich die Straße außerhalb des Ortes, auf den engen Gassen innerhalb des Dorfes kann man sich nur zu Fuß fortbewegen, daher ist die Staub- und Geräuschbelastung im Ort eher gering.

Abb. 9: Trekker am Weg nach Marpha

Auswirkungen des Tourismus auf die Gesellschaft, Kultur und Traditionen

Kultur beinhaltet zum einen die natürliche und regelmäßige Lebensweise der Bevölkerung – also Gewohnheiten und Bräuche – zum anderen aber auch die Ideale und Normen die hinter diesen Gewohnheiten stecken – wie Glauben, Moral oder Wissen einer Gesellschaft. Zuletzt umfasst Kultur auch die aus ihr entstehenden Produkte und Artefakte, also Kultur- und Kunstgegenstände (vgl. Luger 2010: 16). Um die Kultur einer Gesellschaft als Ganzes zu erfassen ist also eine umfassende Betrachtung zum einen der üblichen Praktiken in einer Gesellschaft sowie der dahinter liegenden Regeln wie diese Praktiken ausgeführt werden und weiter der daraus entstehenden Kulturgüter wie typische Kleidung, Bauweise, Kunstgegenstände, usw. notwendig.

Die nepalesische Gesellschaft ist auch nach offizieller Abschaffung des Kastensystems im Jahr 2007 eine kasten- bzw. schichtengeprägte Gesellschaft. Entscheidungen werden weitgehend von den Brahmanen – der höchsten Kaste – getroffen, 97% der politischen Führungspositionen entfallen auf Angehörige dieser Kaste (vgl. Luger 2012: o.S.). Nepal ist gefangen in bestimmten Moralvorstellungen abhängig von Zugehörigkeit zu einer Kaste bzw. Geschlecht (Benachteiligung der Frau im Allgemeinen bzw. Ehefrauen und Töchter im Speziellen). Es herrscht weitestgehend Fatalismus – die angeborenen Rollen und Möglichkeiten durch die eigene Kaste werden von weiten Teilen der Bevölkerung schlichtweg hingenommen. Beispielsweise ist es für jene Menschen die in die untersten Kaste der „Unberührbaren" geboren werden bzw. dort aufwachsen oftmals immer noch völlig unmöglich aus dieser Rolle auszubrechen.

Nepal ist darüber hinaus ein „Konstrukt" aus vielen verschiedenen ethnischen Gruppen (Vgl. Hoivik 2010: 395) – allein das Katmandu Tal beheimatete einst drei Königreiche mit prunkvollen Bauten. In Nepal siedelten sich über Jahrhunderte Volksstämme aus dem Süden, Osten, Westen und Norden an – wie beispielsweise die aus Süden und Westen, also aus Indien kommenden Indo-Europäischen Gruppen oder die aus Norden kommenden buddhistischen, tibetischen Volksgruppen. „In wohl keinem Gebiet der Erde drängen sich so viele ethnische Gruppen auf relativ begrenztem Raum wie im Himalaya und den südlich angrenzenden Gebieten." (Krämer 1995: 1) Durch diese Vielzahl an verschiedenen ethnischen Volksgruppen entstammt die kulturelle Vielfalt der nepalesischen Gesellschaft. Wobei gilt: „Kultur ist der gesamtheitliche Ausdruck der typischen Lebensformen einer Bevölkerung." (Gruber 1995: 193) Jede Volksgruppe hat bzw. entwickelte seine eigene Kultur, also die ihr eigene Sprache, Kleidung, Traditionen und Lebensweise.

„Die Religion ist neben der Sprache einer der Grundpfeiler der ethnischen Kulturen." (Krämer 1995: 2) Die verschiedenen ethnischen Gruppen sind allesamt dem Buddhismus zuzuordnen, über die Jahrhunderte wurden allerdings zahlreiche hinduistische Merkmale und Verhaltensweisen in die Traditionen implementiert (Vgl. Krämer 1995: 2). In Nepal war bis 2006 der Hinduismus die offizielle Staatsreligion, 80% der Bevölkerung sind Hindus. Die offizielle Landessprache ist Nepali, darüber hinaus werden allerdings auch verschiedenste ethnische Sprachen und Dialekte gesprochen. „Die Politik des nepalischen Staates hat die ethnischen Gruppen in entscheidender Weise ihrer einst sehr ausgeprägten Identität beraubt und ihnen die Kultur und Denkweise der herrschenden Schicht des Landes aufgedrängt." (Krämer 1995: 6) Oftmals ist das System (z.B.: Schulsystem) wenig sensibel gegenüber lokalen Traditionen, Kultur und Sprachen bzw. Dialekten (Vgl. Sharma 2000: 99). Daher geht beispielsweise mit der Verbreitung der Amts- und Landessprache „Nepali" der Untergang vieler, wenig verbreiteter Sprachen und Dialekte einher. Die Kinder lernen in den Schulen meist sowohl Nepali als auch Englisch – für die vielzähligen ethnischen Minderheitssprachen und -dialekte ist da meist kein Platz mehr.

Kulturdenkmäler wie Tempel, Klöster, Königspaläste oder historische Häuser und Stadtteilen wurden in Nepal lange Zeit nicht geschätzt bzw. geschützt. In einem Land, das von einer flächendeckenden Versorgung seiner Bevölkerung mit Trinkwasser, Strom, medizinischer Versorgung und Kanalisation noch weit entfernt scheint mag dies bis zu einem gewissen Teil auch verständlich erscheinen. Derzeit werden vielzählige Stätten mithilfe von Projekten der Entwicklungszusammenarbeit aus aller Welt restauriert, saniert und geschützt, wie beispielsweise Patan, eine der drei ehemaligen Königsstädte im Katmandu Tal. Allerdings mangelt es bei diesen Projekten teilweise stark an Hilfestellung seitens der nepalesischen Regierung. Beispielsweise versickern Eintrittsgelder von Museen, wie dem „Patan Museum", in den Untiefen der Regierungskasse, anstatt für Instandhaltung und Renovierung von Kulturstätten verwendet werden zu können.

Traditionen sind einem steten Wandel unterworfen, der sich oft im Alltag manifestiert, beispielsweise in der Kleidung der nepalesischen Frauen. Eine Vielzahl der Frauen trägt immer noch die verschiedenartigen, farbenfrohen, ethnischen Trachten bzw. Saris. Bei den jungen Frauen hingegen geht der Trend allerdings verstärkt hin zu westlicher Kleidung wie Jeans, T-Shirts usw. Westliche Kleidung wird sowohl als prestigeträchtig als auch als fortschrittlich angesehen. Der Westen, verkörpert durch westliche Touristen, hat somit durch den Kleidungs- bzw. Lebensstil seinen Beitrag zur Veränderung der Kultur und Gesellschaft beigetragen.

Im Tourismus erfolgt oftmals eine Inszenierung von Bräuchen und Traditionen speziell für das Publikum. Frauen führen beispielsweise ihrer Kultur entspringende Tänze und Gesänge vor, Handwerksgüter werden in speziellen Touristenshops feilgeboten (Vgl. Hoivik 2010: 397). In Restaurants gehören diese Tänze oftmals zum „Abendprogramm", kleine Ortschaften wie Marpha sind gesäumt von Souvenirläden und man kann vielerorts

Handwerkern z.B. beim Weben von Schals und Tüchern oder beim Knüpfen von Teppichen auf der Straße über die Schulter blicken. Der Grat zwischen Authentizität und „zur Schau stellen" verschwimmt bei vielen dieser Kulturarbietungen zusehends und den Spagat zu schaffen wird zur Herausforderung.

Außerdem hat sich der Wunsch der Touristen nach Zugang zu Kommunikationstechnologien (Internet, Fernsehen, usw.) auf die Bevölkerung ausgewirkt. In vielen Bergdörfern, wo Energie mühsam mittels hauseigenen Sonnenkollektoren bzw. mittels Holzheizung gewonnen wird, gilt Internetanschluss sowie Mobilfunk-Empfang als Standard. Durch diese touristischen Investitionen steht nun auch den Einheimischen der Weg zu den neuen Kommunikationstechnologien offen.

Tourismus bietet für viele Bergregionen, die durch Ressourcenarmut und schwerer Erreichbarkeit aufgrund der Höhenlage gelichermaßen geprägt sind, eine der wenigen zusätzlichen Einnahmequellen neben der Landwirtschaft. Doch um Tourismus langfristig und attraktiv für Gäste zu gestalten, ist eine Ausbildung der Bevölkerung notwendig – und die Bevölkerung fordert diese auch vermehrt ein (Vgl. Hoivik 2010: 398). Wer im Tourismus arbeitet muss die Bedürfnisse seiner Gäste erkennen und diese auch umsetzen können. Außerdem ist eine Verständigung mit den Gästen notwendig, das Erlernen einer gemeinsamen Sprache, wie beispielsweise Englisch, ist also unumgänglich. Aus dem Wunsch touristisch tätig zu werden um Einkünfte zu generieren ist somit vielerorts auch der Wunsch nach Ausbildung gewachsen. Meist mit Hilfe von ausländischen Entwicklungsprojekten sind Schulen und Ausbildungsstätten entstanden.

„The younger generations are not like their elders. They have studied and travelled, and seen the ways of the world." (Thapa 2008: 120) schreibt Manjushree Thapa, eine junge gebürtige Nepalesin, welche ihre Jugend in den USA verbracht hat. Die nepalesische Jugend verändert sich, immer mehr haben und nutzen ihre Möglichkeiten auf eine Ausbildung und Lebenserfahrungen im Ausland. Durch die Öffnung Nepals 1950 für die Außenwelt, entstanden auch vielzählige Chancen für die nepalesische Bevölkerung. Thapa entstammt einer gut situierten Familie aus einer höhere Klasse bzw. Kaste, nämlich der Upper-Class Chhetri. Ihre Familie hat nach der Öffnung Nepals ihren Kindern die Chance ermöglicht durch Schulbildung im Ausland von der Außenwelt zu lernen, sie adaptierten moderne Familienkonzepte wie das doppelte Haushaltseinkommen bzw. Gleichheit für deren Söhne und Töchter (Vgl. Thapa 2008: 123). Gleichheit der Geschlechter ist in Nepal immer noch nicht flächendeckend gegeben. Es herrschen in vielen Teilen des Landes noch immer patriarchalische Verhältnisse, der Mann gilt als Familienoberhaupt. Frauen werden besonders während ihrer „unreinen Tage" (Periode) ausgegrenzt und haben meist geringere Chancen auf Bildung sowie Mitbestimmungsrecht.

Besonders viele junge Menschen verlassen die oftmals sehr abgelegenen, ländlichen Gegenden um ihre Chancen in der Ausbildung bzw. durch neue Arbeitsplätze in den größeren Städten oder im Ausland zu nutzen. Diese „Landflucht" stellt auch in Marpha ein großes Problem dar, wie der Bürgermeister des Bergdorfes erklärt. Das Dorf hatte bis vor einigen Jahren immer ca. 1100 – 1600 Einwohner. Durch die Abwanderung vieler junger Menschen in die Städte hat sich die Einwohnerzahl auf derzeit ca. 250 reduziert.

Bisher halten sich die Auswirkungen auf den Tourismus in Grenzen, allerdings verringert sich die landwirtschaftliche Produktion bereits jährlich, da eine zunehmende Knappheit an Arbeitskräften herrscht. Besonders langfristig wird dieses Phänomen Auswirkungen auf den Tourismus haben. Wobei vom Problem der Landflucht besonders viele mittelständische bzw.

reiche Teile der Bevölkerung betroffen sind, Kinder aus ärmeren Familien mit niedrigem Bildungsniveau sind von diesem Phänomen weniger betroffen (Vgl. ACAP 2012: o.S.). Durch diesen Umstand werden die Probleme vor Ort weiter verstärkt, da es an ausgebildeten Fachkräften mangelt und oftmals nur schlecht oder nicht ausgebildete Hilfskräfte zur Verfügung stehen.

Viele Eltern, die es sich leisten können, schicken ihre Kinder in Schulen in den Städten um ihnen eine Ausbildung zu ermöglichen. Beispielsweise erzählte die Besitzerin des Hotels „Om's Home" ganz stolz, dass ihre beiden Kinder in Österreich, genauer in Salzburg Klessheim, zur Schule gegangen sind. Auf die Frage wo sich die Kinder nun befinden, antwortete sie, in Österreich bzw. den USA. Es ist fraglich ob die Kinder einmal zurückkehren werden, um das sehr spärlich ausgestattete Hotel weiterzuführen.

Auswirkungen des Tourismus unter ökologischen Aspekten

„The root cause of all environmental problem being poverty compounded by an ever-growing population." (NTNC 2009: 1) Der National Trust of Nature Conservation sieht als Hauptproblem aller Umweltschäden die große Armut der Bevölkerung in Nepal sowie die stetig wachsende Bevölkerungszahl. Ein Großteil der Bevölkerung hat weitgehend keinen Zugang zu Bildung, kann seine Grundbedürfnisse nicht befriedigen und hat zudem äußerst eingeschränkte finanzielle Möglichkeiten. Die Menschen in Nepal sind oftmals nicht in der Lage ihre Grundbedürfnisse zu erfüllen. Daher haben die Bedürfnisse nach Umwelt- oder Denkmalschutz für viele Nepalesen einen sehr geringen Stellenwert. Geht man durch die Straßen von Katmandu, erkennt man den geringen Stellenwert von Umweltschutz für die nepalesische Bevölkerung. Neben den Straßen und an Flussufern stapelt sich der Müll: Was nicht mehr gebraucht wird, wird achtlos weggeworfen. Auch die Straße von Jomsom nach Marpha bleibt von diesem Problem nicht verschont. Man sieht Schuhe, Wasserflaschen, usw. am Wegrand achtlos liegengelassen. Westliche Touristen tragen stundenlang ihren Müll auf der vergeblichen Suche nach Abfallbehältern mit sich herumvergeblich.

Negative ökologische Auswirkungen des Tourismus stellen vermehrte Luft- sowie Umweltverschmutzung, Abholzung von Wäldern und veränderte Landnutzungen dar (Vgl. Sharma 2000: 96). Flächen werden für touristische Zwecke gerodet - es entstehen Lodges, Hotels oder auch Campingplätze und Bauern werden zu Touristikern.
Die Waldbestände in Nepal werden zur Gewinnung von Nutzholz, als Futter für die Tiere sowie für Brennstoff abgeholzt (Vgl. NTNC 2009: 2f). Aufgrund des vermehrten Energiebedarfes durch den Tourismus, z.B. für warmes Wasser zum Duschen, Kochen und Waschen, wurden in der Vergangenheit ganze Wälder Großteils unsystematisch abgeholzt. Vermehrt werden mittlerweile Maßnahmen für umweltfreundliche Energiegewinnung wie Solaranlagen oder Wasserkraftwerke umgesetzt.

In vielen Trekkinggebieten gibt es keinerlei Möglichkeiten, Müll vor Ort umweltgerecht zu entsorgen. Oftmals muss Müll - wie beispielsweise Getränkeflaschen - viele Kilometer weit abtransportiert werden. Besonders bei Bergexpeditionen tritt dieses Problem vermehrt auf. Sauerstoffflaschen, Gaskartuschen usw. blieben in der Vergangenheit meist irgendwo am Weg auf dem Berg zurück. Mittlerweile versuchen Entwicklungshilfeprojekte auf diese Problematik aufmerksam zu machen, wie beispielsweise das Müllprojekt zur Säuberung des Mount Everest der österreichischen Entwicklungshilfe-Organisation Eco Himal. Außerdem stellt der notwendige Transport der Touristen ein ökologisches Problem dar, durch vermehrtes Verkehrsaufkommen kommt es zu erhöhten Abgaswerten und damit teils starker Umwelt- und Luftverschmutzung.

Auswirkungen des Tourismus in ökonomischer Hinsicht

Internationaler Tourismus stellt ein Exportgut dar, welches Umsatzerlöse für Firmen, Einkommen in der Bevölkerung, Arbeitsplätze und staatliche Einkünfte generiert (Vgl. Archer / Cooper 1998: 65). Tourismus ist arbeitskräfteintensiv und kann somit viele Arbeitsplätze in einer Region schaffen. Viele Unternehmen einer Region profitieren dabei direkt oder indirekt vom Tourismus. Es entstehen Wertschöpfungs-Chancen für ganze Regionen. Nicht nur die touristischen Dienstleister selbst, darunter Hotels, Gastronomie, Transportwesen, profitieren. Es können auch für tourismusfremde Wirtschaftssektoren wie die Bauindustrie (Neubau, Erweiterungen von Infrastruktur), die Landwirtschaft (Absatz von regionalen Produkten) und den Handel (Handwerksutensilien sowie Souvenirs) Chancen entstehen. Tourismus kann somit auch in Bergregionen – wenn planvoll gestaltet – sowohl direkte als auch indirekte Arbeitsplätze schaffen, sowie direkte und indirekte Wertschöpfung generieren (Vgl. Sharma 2000: 98).

Doch Tourismus bietet nicht nur Chancen für ein Land. Besonders ressourcenarme Länder wie Nepal sind oftmals auf Importe angewiesen. Touristen wollen auch bzw. oftmals besonders im Urlaub nicht auf ein bestimmtes Lebensniveau verzichten. Eisgekühltes Coca Cola und Schokolade zählen wie mindestens eine heiße Dusche pro Tag zum Standard. 2010 beliefen sich 9% der nepalesischen Importe auf den Tourismussektor. Die Einnahmen aus dem Tourismus betrugen 2010 24% der gesamten Exporteinnahmen, was USD 378 Millionen entspricht (Vgl. Weltbank 2012: o.S.). Der Wirtschaftssektor Tourismus stellt für Nepal also einen wichtigen Ertragsfaktor dar.

Seit vielen Jahren wird in Nepal auf die Tourismusindustrie gesetzt, es wurde in weiten Teilen des Landes Infrastruktur wie Lodges, Restaurants, Straßen und Wege, usw. geschaffen. Hauptzielgruppen stellen Trekkingtouristen sowie Pilgerreisende dar, daher sind Infrastruktur und die touristischen Angebote auf diese Zielgruppen abgestimmt.

Tourismus hat besonders in eher weniger entwickelten Regionen, wo andere Einkunftsarten nur äußerst beschränkt möglich sind, große Auswirkungen auf die Entwicklung von Wirtschaft und Gesellschaft (Vgl. Archer / Cooper 1998: 65f). Doch Tourismus benötigt eine bestimmte Infrastruktur wie Hotels, Restaurants, eine Anbindung an Straßen, Strom, warmes Wasser usw. Und während diese Infrastruktur für den Tourismus ausgebaut wird, steht sie gleichzeitig auch für die lokale Bevölkerung zur Verfügung (Vgl. Archer / Cooper 1998: 66). Die Erschließung der Region Mustang durch Errichtung eines nationalen Flughafens in Jomsom im Jahre 1967 bzw. der Bau der Straße zwischen Pokhara und Jomsom diente letztlich nicht nur den Touristen, sondern natürlich auch der lokalen Bevölkerung. Erst diese Verbindung nach Pokhara und weiter in die umliegenden Orte eröffnete die Möglichkeit einer Ausweitung des Apfelhandels in Marpha.

Allerdings kommen die in einer Region generierten touristischen Einkünfte nicht immer tatsächlich den Bewohnern vor Ort zu Gute. Reisen werden von Touristen über internationale Reiseveranstalter anstatt über nationale Anbieter gebucht. Rohstoffe wie Lebensmittel oder Baustoffe werden importiert anstatt vor Ort hergestellt bzw. angekauft zu werden. Deshalb ist eine nachhaltige Ausrichtung des Tourismus besonders für Entwicklungsländer wie Nepal wichtig. Projekte wie ACAP (Annpurna Conservation Area Project) setzen beispielsweise auf „Community based tourism" also auf eine von der

(Dorf)Gemeinschaft entwickelten und durchgeführten Tourismus (Vgl. Luger 2012: o.S.). Infrastruktur sowie Management des Tourismus vor Ort befinden sich in diesem Fall in der Hand der Dorfgemeinschaft, Entscheidungen werden in der Gemeinschaft getroffen. Ziel solcher Initiativen ist es die lokale Bevölkerung in den Tourismus miteinzubinden, durch die gemeinsame Entscheidung für den Tourismus und die umzusetzenden Projekte soll das Bewusstsein für nachhaltigen Tourismus geschaffen werden. Wertschöpfung soll vor Ort geschaffen werden und gleichzeitig im Ort bleiben.

SCHLUSSBETRACHTUNGEN

Der Wirtschaftsmotor Tourismus nimmt einen hohen Stellenwert im ressourcenarmen Land Nepal ein. Besonders in den Bergregionen bietet er eine zusätzliche Verdienstmöglichkeit zur Landwirtschaft, was aufgrund der hohen Lage und der meist nicht besonders ertragreichen Böden, eine gute Entwicklungschance für die betroffenen Regionen darstellt. Die Regierung sieht Tourismus als „priority industry" also als wichtigen Wirtschaftsträger. Nepal war bis 1950 abgeschottet vom Rest der Welt, ein kleines Königreich umgeben vom sagenumwobenen Himalaya Gebirge, weit ab vom Rest der Welt. Nach Öffnung des Landes waren die ersten „Touristen" Bergsteiger auf der Suche nach schwindelerregenden Gipfelsiegen. Durch seine kulturelle und ethnische Vielfalt und seine faszinierende Landschaft zog es bald auch kultur- und naturinteressierte Touristen ins Land. Tourismus benötigt Infrastruktur, doch in Nepal ist bis heute keine flächendeckende Versorgung mit Strom-, Wasser- oder Kanalsystemen gegeben. Es gibt weder ein ausgebautes Straßen- und Wegenetz noch flächendeckende medizinische Versorgung und Schulbildung für die Bevölkerung. Nepal ist ein Land, welches sämtliche Merkmale eines Entwicklungslandes aufweist – besonders verstärkt in den Bergregionen.

Das kleine Bergdorf Marpha lebt vom Tourismus. Seine 250 Einwohner sind alle neben dem Apfel-Geschäft vom Tourismus abhängig. Sämtliche Läden im Ort sind touristisch verwurzelt, man kann überall Handwerkskunst erwerben. Doch die Entwicklungen im Land bringen Marpha auch Nachteile. Durch die neuen Möglichkeiten in den Städten und im Ausland zieht es viele junge Menschen aus dem Dorf in die Städte. Die Ausbildungs- und Jobmöglichkeiten in der Region rund um Marpha sind begrenzt. Jene Eltern, die es sich leisten können, schicken die Kinder in größere Dörfer oder Städte zur Schule. Die meisten kehren nicht mehr nach Marpha zurück.

Der Straßenbau zwischen Pokhara und Jomsom hat für den Apfel-Handel viele Vorteile mit sich gebracht – die Preise sind gestiegen, neue Absatzmärkte können erreicht werden. Touristen können durch regelmäßig verkehrende Jeeps und Busse leichter in den kleinen Ort gelangen. Doch die Nächtigungszahlen sinken dadurch, viele Menschen fahren nur mehr an Marpha vorbei bzw. machen nur einen kurzen Abstecher in das Dorf.

Tourismus hat Auswirkungen auf Gesellschaft und Kultur, auf die Natur und auf die Geldbörse aller Beteiligten. Diese Auswirkungen sind nicht immer positiv, doch durch eine nachhaltige Ausrichtung können die Vorteile für das Land und seine Bevölkerung überwiegen. Die für die Touristen geschaffene Infrastruktur kommt vielfach auch den lokalen Bewohnern zu Gute. Straßen- und Wegenetze werden gebaut und erhalten, Energiegewinnung erleichtert bzw. ermöglicht (Kraftwerke, Hilfestellungen für erneuerbare Energien, usw.), Aus- und Weiterbildungen angeboten und vieles mehr.

Die Uhren ticken langsamer in den Bergregionen Nepals. Doch genau das macht Nepals Authentizität aus. Gerade deshalb zieht es immer wieder Menschen in die Region rund um den faszinierenden Himalaya.

BIBLIOGRAPHIE

Archer, Brian / Copper, Chris (1998): The positive and negative impacts of tourism. In: Theobald, William F.(Hrsg.): Global Tourism. Oxford: Butterworth-Heinemann. 63 - 81.

Auswärtiges Amt (2012): Wirtschaft Nepal. Online unter: http://www.auswaertiges-amt.de/sid_25D1F08532CE94AE6DE4AEA9F4021306/DE/Aussenpolitik/Laender/Laenderinfos/Nepal/Wirtschaft_node.html (18.07.2012)

Bergner, Angela (2007): Tourismus als Mittel zur Armutsminderung in Nepal Das "Tourism for Rural Poverty Alleviation Programme (TRPAP)". Stuttgart: ibidem-Verlag.

Bundesministerium für wirtschaftliche Zusammenarbeit und Entwicklung (BMZ) (2010): Lexikon der Entwicklungspolitik. Entwicklungsland. Online unter: http://www.bmz.de/de/service/glossar/E/entwicklungsland.html (18.07.2012)

Dhakal, Narayan (2012): Nepal Trip 2012. Email: finance.ktm@ecohimal.org (20.06.2012)

Gruber, Gerald (1995): Vater Himmel und Mutter Erde. Modernisierung, Tourismus und Entwicklung im Himalaya. In: Luger, Kurt / Inmann, Karin (Hrsg.): Verreiste Berge. Kultur und Tourismus im Hochgebirge. Innsbruck: StudienVerlag. S. 173-202.

Hoivik, Susan (2010): Local Culture: Is tourism the enemy? Some Observations from the Nepal Himalaya. In: Luger, Kurt / Wöhler, Karlheinz (Hrsg.): Kulturelles Erbe und Tourismus. Rituale, Traditionen, Inszenierungen. Innsbruck: Studienverlag. 395 – 413.

Jomsom Tourist Information (o.J.): Information of Mustang (Mustang – the land of fascination; Recorded history of Mustang; Culture of Mustang; Annapurna Conservation Area; Religion of Mustang; Nature of Mustang

Kostka, Robert (2010): Der nepalesische Distrikt Mustang als Rückzugsgebiet tibetischer Kulturtraditionen. In: Österreichische Geographische Gesellschaft: Mitteilungen der Österreichischen Geographischen Gesellschaft. Wien: Verlag der Österreichischen Akademie der Wissenschaften. S. 228–250. Online unter: http://arcims.isr.oeaw.ac.at/website/oegg/publikationen/Bd152_MOEGG/S228_250_Kostka.pdf (09.07.2012)

Krämer, Karl Heinz (1995): Ethnische Bewegungen im modernen Nepal. Online unter: http://www.nepalresearch.com/publications/khk_sa95_4.PDF (18.07.2012)

Luger, Kurt (2010): Tradition, Ritual, Inszenierung. Kulturelles Erbe im Spannungsfeld von bewahrender Pflege und touristischer Vereinnahmung. In: Luger, Kurt / Wöhler, Karlheinz (Hrsg.): Kulturelles Erbe und Tourismus. Rituale, Traditionen, Inszenierungen. Innsbruck: Studienverlag. 15 – 46.

Ministry of Culture, Tourism and Civil Aviation (2010): Nepal Tourism Statistics 2010. Online unter: http://www.tourism.gov.np/uploaded/statistics2010.pdf (09.07.2012)

National Trust for Nature Conservation (NTNC) (2009): Nepal: people and nature. Online unter: http://www.ntnc.org.np/sites/default/files/publicaations/Profile_Layout_2009.pdf (09.07.2012)

National Trust for Nature Conservation (NTNC) (o.J.): Annapurna Conservation Area Project. Online unter: http://www.ntnc.org.np/project/annapurna-conservation-area-project (23.07.2012)

Österreichische Forschungsstiftung für internationale Entwicklung (OEFSE) (2000): Länderprofil Nepal. Online unter: http://www.oefse.at/Downloads/laender/nepal.pdf (18.07.2012)

Sharma, Pitamber (2000): Tourism as Development. Case Studies from the Himalaya. Lalitpur: Himal Books.

Thapa, Manjushree (2008): Mustang bhot in fragments. Lalitpur: Himal Books.

Tucci, Giuseppe (2003): Journey to Mustang, 1952. Katmandu: Ratna Pustak Bhandar.

Weltbank (2012): World Bank Data. Online unter: http://databank.worldbank.org/ddp/home.do?Step=3&id=4 (18.07.2012)

Wirtschaftskammer Österreich (WKO) a (2012): Länderprofil Nepal. Online unter: http://wko.at/awo/publikation/laenderprofil/lp_NP.pdf (18.07.2012)

Wirtschaftskammer Österreich (WKO) b (2012): BIP je Einwohner. Online unter: http://wko.at/statistik/eu/europa-BIPjeEinwohner.pdf (18.07.2012)

Interviews:
Pokhara Valley Tourism Council
Prof. Dr. Kurt Luger (Eco Himal)
Narayan Dhakal (Eco Himal)
Geschäftsführung ACAP
Bürgermeister Marpha

NAGARKOT – DOMESTIC TOURISM & LEISURE PATTERNS
Kathrin Steffan, 2013

INTRODUCTION

> „Nepal is among the poorest and least developed countries in the world, with
> about one-quarter of its population living below the poverty line"
> (The World fact book, 2012)

This fact is just a part why domestic and international tourism is underdeveloped within Nepal. Most people know Nepal as the home of the highest mountain in the world, the famous Mount Everest. The Himalaya Mountains are the number one reason why tourists come to Nepal (Excursion 2013) and they are the most promoted tourist attraction of Nepal. In order to evaluate how the current touristic situation of Nagarkot in the Kathmandu Valley could be used to improve tourism, especially domestic tourism and how valuable Nagarkot is for tourism, this paper will analyse the leisure patterns and data, which were collected through-out a 12 days excursion in February, through interviews and articles.

For giving an overall impression of the country and especially Nagarkot it is important to understand the economic and political situation of the country. Since Nepal does not have a constitution (Excursion 2013), there is the problem of missing basic "guidelines" which is noticeable – not only – throughout tourism. The problem of creating a constitution is not because of missing dedication; it is more because of 103 different ethnic groups and around 93 different spoken languages and dialects within the country. (Excursion 2013) As it is well known that even with less ethnic groups and only one language within a country it is hard to implement laws, it is unthinkable to imagine how difficult it must be when 103 different ethnic groups have to be satisfied in a way in order to show respect and try not to hurt their pride and believes. Another important fact of displaying the country is that a lot of people have to work every day the whole day in order to be able to afford something to eat in the evening. Because of the extreme poverty in this country the thought of having a holiday or even a short term trip to somewhere even within the country is unthinkable. (Excursion 2013) Nevertheless, Nepal is one of the richest countries in the world in terms of bio-diversity due to its unique geographical position and altitude variation (Kabil Deb S. 2010). But as Banskota K. (2012) stated in the study "Impact of Tourism on Local Employment and Incomes: "Existing levels of institutional and human resource capacities vary widely across destinations, and that the equality of facilities and the services provided are below the expected standard even in the most popular destinations."
For this reasons the paper will start with evaluating the current situation of Nagarkot´s tourism position and analysing its target market, in order to create a basis from which it will reach out to the points of conflict and interest in this specific area.

This study will be structured like a SWOT Analysis of Nagarkot which will help the Author to draw a conclusion out of the collected and analysed data. It will lead to a detailed and well-structured Conclusion with suggestions how the current situation and position of Nagarkot as a tourist destination can be improved and how the analysed data can be put into connection with tourism. First the study will evaluate the current situation and position of Nagarkot in the tourism market. This will be evaluated with analysing the Target Market and the current offers for travellers according to Price and the supply and demand situation in Nagarkot. Before the study continues with the second step the author will give a short background on hotels in this area in order to see, in step number two the potential of Nagarkot as a tourist destination from an economic and nature based point of view. The analysis of the Potential of Nagarkot will be divided in two classes the potential through new channels and the potential from existing sights, either natural or artificial. After these two steps the study will focus on Challenges and potential Threats and Opportunities for Nagarkot in order to draw new conclusions and Suggestions for this area.

TOURISM IN NAGARKOT – CURRENT SITUATION

According to the National Tourism Board of Nepal the Ethnic Groups called Tamang, Bramin, Chhatri and Dalit are living in the District of Bhaktapur where Nagarkot is located as well. 90% of tourism in Nepal is domestic tourism, the tourism Board and the Government try to push domestic tourism since they see it as the most sustainable one. Nepal is one of the richest countries in the world in terms of bio-diversity due to its unique geographical position and altitude variation. (Kapil Deb Subedi, 2010)

There are tremendous opportunities for the country for diversification and development of tourism products. (Kapil Deb Subedi, 2010) However Nepal´s tourism sector has not performed well relative to other similar developing countries despite its endowment of a rich natural heritage (Bista, 2009). This statement supports Banskota K. (2012): "Many areas in Nepal have high potentials for tourism development but will require development of infrastructures (roads, bridges, airports, accommodation facilities etc.) and human resources to manage the tourism industry."

According to Rai S. (2012) Nagarkot is very much a resort village, where people come to escape the sweltering heat of the city and stay overnight. This overlaps with the statement of Prof. Kurt Luger (Excursion 2013) „The main reason for Nepali to visit Nagarkot is to get out of the strongly polluted and busy city". But since Nepal is one of the poorest countries in the world and Saturday is the only official day in a week which is off work, not everybody can afford to go to Nagarkot.

Because of this reason the target market of Nagarkot is divided in two parts, which are according to Dhakal N. (Excursion 2013) on the one hand international tourists such as people from China, India, Japan and Europe and on the other hand Nepal´s well earning habitants, middle and upper class, young couples and business people.

The main focus of this study, in terms of the target group will be Nepal´s well earning habitants also called the middle and upper social class of Nepal. According to Luger K. (Excursion 2013) the middle and upper social class of Nepal, which is travelling to Nagarkot are mainly young couples without children or Businessmen and women. Since Nagarkot offers staff trainings and some seminar rooms in a few hotels. (Excursion 2013) This small niche market was built in the last years in Nagarkot. In order to visualize the average net income of a woman from Nepal, the following table should give an idea about the difference of an average net income of women from a Western country.

Income/savings	Upper middle class (n = 15)	Lower middle class (n = 41)	Lower class (n = 30)	All (n = 86)
Monthly income (Rs)	132,440	31,463	14,916	43,303
Monthly savings (Rs)	80,185	19,137	9,408	26,391
Duration of stay (years)	4.47	3.71	3.17	3.65
Total savings (Rs)	4,301,123	851,979	357,880	1,155,926
Departure expenses	243,333	71,631	389,000	97,914
Income in Nepal/month	4,856	2,092	4,241	3,324
Income in Nepal/year	58,266	25,109	50,900	39,889

Source: A study 'mapping foreign migrant women workers from Nepal' conducted for **UNIFEM,** Nepal in 2003 (Field survey July–December 2002)

UNIFEM: Impact of Tourism on Local Employment and Incomes (2003)

The table above shows that the average income of a Nepali woman is much lower than a woman from a western civilization would accept. This paper will consider the difference in terms of the income as an impact of domestic tourism as well.

Besides the difference in net income the factor of a different expectation of a holiday for this culture will be considered and will influence the outcome of this study.

MoTCA (2011) mentioned that 2011 visitors arrival to Nepal were all time highest (above 700.000) and so the number of operators of all kinds increased in the tourism sector. This did not pass by Nagarkot. Rai S. (2012) evaluated in her study that the tourism year 2011 appears to have made a mixed impact on the overall tourism industry of Nagarkot. While 45% of the total establishments report positive impact, just 10% claim to have experienced negative impact. This leads to 45%, which insist that they did not experience a change situation.

The raise of tourism numbers can be also seen in sale of food items of the establishments. According to Rai S. (2012) 18% of the establishments report an increase, the majority (73%) says it has decreased, and only 9% see no change in sales from the year 2011.

Background about the Hospitality in Nagarkot

During the last seven years the number of hotels increased significantly, now there are more than 200 hotels in this area (Excursion 2013). According to Rai S (2012) 44% of tourists visiting Nagarkot prefer to stay a couple of nights, 35% prefer to stay overnight and the rest (22%) prefer to stay for more than 3 nights. These numbers can be explained by the statement of Dhakal N. (Excursion 2013) that Nagarkot is the most advanced recreational place in Nepal and especially people from Kathmandu like to travel there since the capital does not have any recreational facilities. The average expenditure of an individual tourist per stay is Rs. 7.505 (Rai S, 2012).

In order to visualize and explain the Hotel situation of Nagarkot the following table of Banskota K. (2012) will be used. Banskota K. (2011) evaluated the following numbers in terms of hospitality in Nagarkot.

Type of Establishment	Sauraha		Nagarkot		Bhaktapur		Total	
	Number	%	Number	%	Number	%	Number	%
Hotels	28	61	16	35	2	4	46	38
Resorts	16	52	15	48	0	0	31	26
Lodges	15	83	1	6	2	11	18	15
Guest House	14	54	0	0	12	46	26	21
Total	73	60	32	26	16	13	121	100

Source: Nepal Tourism and Development Review 2

Looking at the table it is clear that Hotels and Resorts are the leading accommodation types in Nagarkot. As Banskota K. (2012) mentioned in the study there were no guesthouses registered in Nagarkot. But according to Dhakal N. (Excursion 2013) this changed since the first Guest house, the Thamel Guest House opened in Nagarkot. Another important fact, which was also mentioned at the Excursion (2013), is that almost all better hotels from Kathmandu have a second settlement in Nagarkot for recreational reasons (Excursion 2013).

Current offers for domestic travellers

Banskota K. (2012) stated that Nagarkot is famous for its mountain views and therefore overnight stay is necessary. As Rai S. (2012) mentioned as well that Nagarkot is known specifically for its dawn time, for a beautiful view of sunrise over the Eastern Himalayas, the author evaluated, that the view over the Eastern Himalayas during dawn and sunrise is the USP of Nagarkot, this assumption was confirmed by Luger K. (Excursion 2013). During Interviews with habitants from Nagarkot, the author got the Information that the well-known lookout for the sunrise of Nagarkot is at the height of 2.175 m and the names of the mountains which can be seen are among others Anafunadan, Ganesemal – which means Sunrise Mountain, Lantang Lira, Gansala Peak and Paskal Peak.

There is one major advantage for domestic travellers, since some hotels do have a discount for domestic travellers (Excursion 2013). This is a major advantage for domestic travellers and a good reputation for Nagarkot. But this does not mean that the prices are automatically low. According to Luger K. (Excursion 2013) the group from the Excursion of 2013 got a so called "Friendship price" at the Hotel in which they stayed and had to pay 40$ per person and per night. This would be 3.468.8 Rs. according to the current conversion ratio of 1:86.7. The hoteliers justify those high prices with the problem of transport and the lack of raw materials (Excursion 2013).

Potential of Nagarkot as a Tourist Destination

There are some sights and activities, Nagarkot is not using as a tourist attraction yet (Excursion 2013), and one example would be the Lake Mahade Puchardi. Translated the name Mahade Puchardi means Lake Shiva – Shiva is the god of destruction and conservation in the religion of Hinduism. According to Krishna this lake would be a highly interesting site for cultural tourists and recreational tourists (Excursion 2013). The water of this Lake was brought to the King´s Palace in Bhagdapur.

Since Nagarkot is known as a recreation destination there would a high potential of increasing domestic tourist numbers by offering typical spa and relaxing specials, as it is well known from Alpine resorts in Europe. Some Hotels do already put effort in this niche, in order to offer Massages and typical recreational attractions (Excursion 2013); and those are getting more in Hospitality in Nagarkot. Since Asia is well known for alternative medicine, this could be a stepping-stone for Nargakot to create a niche market.

Nagarkot means the top of the city according to a resident of Nagarkot, so why not promoting this? As mentioned before the main reason for domestic travellers to come to Nagarkot is because of recreation. The later phases of the Grand Tour in the 18th and early 19th centuries also contributed to the "discovery" of the Alps and other romantic aspects of nature. Recreation was the main reason for aristocrats to travel to so called alpine resorts in the beginning, afterwards winter sports got more popular, in the middle of the 19th century according to Steinecke (n.d.) the later literary works of Goethe, Schiller and Byron described the mountains as places where man and nature live in harmony. The concept of Alpine resorts is still used in Europe as for example in Salzburg Bad Gastein has its focus on recreation and sport tourism.

In the 19th century the concept of Alpine resorts was born. During this time transportation was not easy as well. According to Steinecke (n.d.) the Alpine Resorts of the Grand Tour focused on mineralogical, geological and geomorphological discoveries and broadened their knowledge of the nature and culture of this specific region. Then they made their discoveries known to the general public through lectures and publications in scientific journals and general educational periodicals.
Since the concept used at the time of the Grand Tour is still used, Nagarkot could follow these guidelines as well, in order to promote the village as a recreation destination, make it more attractive and popular by domestic travellers and create and specify the Brand Nagarkot.

Challenges for Tourism in this Area
By describing the challenges of the specific area of Nagarkot in means of the attraction of domestic travellers and the implementation of new Leisure patterns the paper considers two different types of Challenges.

1. Challenges because of the poverty within the country
2. And Challenges because of promotion difficulties, which will be based on information of the National Tourism Board of Nepal.

This Abstract of the paper will be used, as an analysis about the Challenges Nagarkot has to face on the tourism market, specified on domestic tourists. These Challenges will be analysed like the abstract "Threats" in a SWOT- Analysis. This should help to evaluate the information, which was found and draw a conclusion.

Challenges because of poverty reasons
As already mentioned before, Nepal is among the poorest countries of the world (The World Fact Book 2012). This fact creates a big challenge if not the biggest challenge for Nagarkot. For this reason it is hard to find Investors for tourism and other sectors as well.

Within an interview with the Officiating CEO of the National Tourism Board of Nepal, Mr. Subash Niroula, problems of private investors were discussed as well. According to him, the private Investors especially in Nagarkot are afraid of losing a lot of money since tourism in Nagarkot is not as stable as for example in Kathmandu or the Himalaya regions, where people travel for hiking and/ or climbing.

Challenges because of promotion difficulties
The main focus of this abstract will be the finance issues Nepal has related to the budget of the Nepal Tourism Board where Mr. Subash Niroula the Officiating CEO of the National Tourism Board of Nepal kindly provided information about the annual budget of the Tourism Board throughout the Excursion 2013. Within the interview with Mr. Subash Niroula some challenges in terms of budget in connection to promotion were evaluated. The following information provided in this Abstract, as not mentioned separately is information which was found throughout the interview with the CEO of the National Tourism Board of Nepal.
The annual Budget of the Tourism Board is €5 Mio. From this amount promotion, salaries and preservation projects have to be financed in the whole country. Since Nepal has a lot of cultural heritage sites and the Himalaya and Kathmandu are the main attractors for tourists, there is not much money left for smaller destinations, which are still in the tourism development stage.

Mr. Niroula mentioned during the interview that Nepal focuses more on "mass tourism", which is measured on different benchmarks than European mass tourism as the average tourist arrivals per year are around 700.000. This is also a reason why the budget for smaller tourist destinations such as Nagarkot is cut smaller. Another reason for promotion difficulties which was already mentioned above, is that private investors are afraid of losing money and the specialization of an "Alpine Spa Resort Village" has not arrived yet in smaller places like Nagarkot. According to this interview these are the main reasons why Nagarkot faces the challenge of promotion difficulties.

Opportunities – not yet realised
The Opportunities for Nagarkot will focus on new leisure patterns, in order to attract more tourists and offer an outstanding standard. Since this chapter should evaluate the Opportunities for Nagarkot, the Author evaluates and compares opportunities on a different level with different destinations all over the world. The evaluation and description of Opportunities is divided into two parts, in order to evaluate the current situation and its possibilities on two different levels.

Opportunities on a health care level
According to the information collected through interviews with specialists and habitants of Nagarkot, during the Excursion in February 2013, it was analysed that almost all tourists come to Nagarkot because of the breath taking sunrise and sunset and for recreational reasons. For this matter of fact recreation tourism is one of the biggest opportunities for Nagarkot's domestic tourism positioning.

As observed during the stay in Nagarkot several Hotels do already offer massages or other health treatments, by checking the price list it was observed, that the prices are not too high and do attract tourists. According to several guidebooks, Asia is well known for its alternative health care treatments, which would be another opportunity for Nagarkot to present an interesting new offer to its tourists. By mixing the health treatments from different countries of Asia, using the treatments which are the most famous one of the country; such as for example Thai massages or hot stone treatment. With such an offer Nagarkot would extend its offers on an international level. This is not mainly to attract international tourism it is especially for domestic travellers who cannot afford to go on a holiday abroad. With this special offers the target group of domestic travellers who cannot afford going abroad, can still experience international culture.

Opportunities on a sport level
The demand for mountaineering is quite high in Nepal since this is the number one reason for international tourists to come to Nepal. But not everyone is experienced enough to climb the Mount Everest or one of the other challenging and famous mountains of Nepal (Excursion 2013). For domestic tourism of Nagarkot the specialization on hiking trips is a good opportunity to increase tourist numbers, since not all of the habitats of Nepal are keen on climbing or have the required utensils for such mountaineering excursions. Since Nagarkot is located at the height of 7.200 feet (Rai S. 2012) it is not difficult to organize hiking trips with different levels of difficulty. According to Dhakal N. (Excursion 2013) agencies already offer some kind of organized trekking trips for the region of Nagarkot.
Another opportunity for Nagarkot, to increase the number of domestic tourists in this area, would be mountain biking. With a bike rent shop, domestic travellers have a new leisure pattern and would be attracted to stay longer than just one overnight stay. A "Rent a Bike" Store would increase the level of standard in Nagarkot as well, since this does not exist yet and is not very common in this area.

CONCLUSION

Even though Nepal is among the poorest countries in the world it does not mean at all that tourism in Nagarkot does not have a good positioning on a national and international level.
Of course there are still a lot of challenges to face for Nagarkot in order to establish itself as a well-known domestic tourism destination. But there are several possibilities as well as they are described in this paper. It is important for Nagarkot to specialize. Not in the way European destinations are specializing. In this case specialisation would mean that the whole destination would work together on a concept, to promote recreational facilities in Nagarkot, such as massages and health care in general. This would meet needs of tourists, since most of the people are traveling to Nagarkot to get out of the busy big cities and polluted areas. As Steinecke (n.d.) mentioned Alpine resorts were already in former times known for its positive impact on health care.

If Nagarkot combines the health care idea with some sport offers, such as hiking or mountain biking, the target market can be extended. Hiking and mountain biking is already a growing part of domestic tourism in Nagarkot (Excursion 2013) as it was explained in the Chapter before, and for this reason it would not be positive to drop this target group.
With this specialization Nagarkot has the opportunity to develop from a small tourist destination to a well-known brand within the country. Even though the country itself and its destinations are still in the developing process in terms of tourism, branding will get more important sooner or later, as it can be seen in further developed countries which are attractive for tourism.

During the excursion in February specialists mentioned several times, that if there is the possibility to enter the process of niche marketing Nagarkot would be promoted as an Alpine Resort Village. Since it is a matter of time until Nepal is ready for niche marketing it would be a smart decision for Investors and Hoteliers of Nagarkot to prepare for this day in order to be the figurehead of Nepal.

This would be very positive for the destination in terms of sponsorships from the government or the Nepal Tourism Board for private investors, as it can be seen now with the figurehead Mount Everest. This tourism sight is highly promoted and supported, since it is well known all over the world and important for the image of Nepal.

To sum it up, Nagarkot has a huge potential in terms of growing to a well-known domestic tourism destination, extension of Leisure patterns and specialization. Nagarkot will gain importance on a national and international tourism level within the next years, since there is a lot of potential in this area which was not used yet to attract tourists and extend their stay in Nagarkot.

REFERENCES

Afram G. and Del Pero A.S. (2012): Nepal investment climate: Leveraging the private sector for job creation and growth, direction in development private sector development. Washington DC: World Bank (Internet) Available from: http://books.google.at/books?hl=en&lr=&id=sQp5Gp5tMSMC&oi=fnd&pg=PR5&dq=Afram+G .+and+A.S.+Pero+Nepal+investment+climate&ots=mBMQtG80N9&sig=cPWGzlxouCDI3eXc B9qOugqoQVQ Access date: (24. April, 2013)

Bista R. (2009): Tourism policy, possibilities and destination service management in Nepal. Thesis submitted for the Doctor of Philosophy at the University of Macedonia, Economic and social Sciences, Department of Applied Informatics, Thessaloniki, Greece (Internet) Available from: http://phdtheses.ekt.gr/eadd/handle/10442/17329 Access date: (24. April, 2013)

Banskota K. (2012): Impact of Tourism on Local Employment and Incomes in Three Selected Destinations: Case Studies of Sauraha, Nagarkot and Bhaktapur, Nepal Tourism and Development Review (Internet) Vol. 2 Available from: http://www.nepjol.info/index.php/NTDR/article/viewFile/7378/5982 Access date: (24. April, 2013)

Kabil Deb S. (2010): Tourism Industry in Nepal and Destination Chitwan: Current Status and Challenges, (Internet) Available from: http://papers.ssrn.com/sol3/papers.cfm?abstract_id=1562686 Access date: (28.April, 2013)

MoTCA (2011): Tourism Vision 2020, Kathmandu: Ministry of Tourism and Civil Aviation, Government of Nepal. Available from: http://www.nepjol.info/index.php/NTDR/article/viewFile/7378/5982 Access date: 24.April, 2013)

Rai S. (2012): Tourism and Its Impact on the Local Economy of Nagarkot, Nepal Tourism and Development Review (2012) (Internet) Vol. 2 Available from: http://www.nepjol.info/index.php/NTDR/article/view/7385 Access date: (28. April, 2013)

Steinecke A. (n.d): The Historical Development of tourism in Europe Available from: Touristic English Articles, Script Dr. Helga Vereno, Access date: (1.May, 2013)

The world Fact Book (2012): Available from: https://www.cia.gov/library/publications/the-world-factbook/geos/np.html Access date (15. April 2013)

Dhakal N. Excursion (2013)

Luger K. Excursion (2013)

Niroula S. Excursion (2013)

Gorindra Excursion (2013)

NACHHALTIGER TOURISMUS IN NEPAL – BHARAT BASNET UND SEINE MISSION

Katrin Gerschpacher, 2013

EINLEITUNG

Nepal ist das Heimatland des berühmtesten und höchsten Berges der Welt und Geburtsland Buddhas, und bekannt für eine atemberaubende Landschaft, eine faszinierende Vielfalt an ethnischen Gruppen und traumhaften Trekkingrouten. Was aber dahinter steckt ist ein Land, welches seit Jahrzehnten von politischen Unruhen und Ungerechtigkeiten geprägt ist. Hinzu kommt, dass die geographische Lage und der technische Rückstand aufgrund zu geringer Energie- und Wasserversorgung eine wirtschaftliche Weiterentwicklung hemmt. Eine Verbesserung des allgemeinen Lebensstandards ist somit zu einer großen Herausforderung geworden. Hoffnung machte sich breit, als in den 1970er der Tourismus Nepals einen Aufschwung erlebte. Da es sich dabei um einen Sektor handelt, der weltweit stetig wächst und bei dem es zur Umsetzung verglichen mit anderen Branchen wenig Investitionen bedarf, konzentriert sich das Land immer mehr auf die Steigerung von Touristenankünften. Dennoch ist Nepal mit einem durchschnittlichen Bruttoeinkommen von US$ 540 immer noch eines der ärmsten Länder der Welt. (Worldbank 2013, onl.)

Das Leben von Subsistenzwirtschaft wird durch ein anhaltendes Bevölkerungswachstum bei gleichzeitigem Verlust des Bodenertrags erschwert. Daher sehen sich viele Nepalesen gezwungen ein zweites Standbein zu schaffen – nicht um sich zu bereichern, sondern um es zu ermöglichen ihre Familie, im besten Fall täglich, mit Nahrungsmittel zu versorgen. Neben den positiven ökonomischen Effekten des Tourismus, wenngleich diese aufgrund der hohen „Sickerrate"[1] oftmals ausbleiben, hat der Tourismus auch negative Folgen generiert. Die ökologische Situation droht sich aufgrund der Müllproduktion, dem hohen Verkehrsaufkommen und dem verhältnismäßig zu hohen Wasserverbrauch weiterhin zu verschlechtern. Auch aus soziologischer Sicht macht sich der Tourismus durch Verwestlichung und den Verlust wertvoller Kulturen, welche das Land so einzigartig und attraktiv machen, bemerkbar.

Die Konsequenzen die Nepal aufgrund des wachsenden Tourismus mittlerweile zu tragen hat und der Zusammenhang mit der zukünftigen Tourismusentwicklung des Landes wird nach einem kurzen Länderüberblick im zweiten Kapitel der Arbeit genauer dargestellt. Die soeben erwähnten Entwicklungen und deren Auswirkung auf die gesamtwirtschaftliche Situation haben weltweit, aber auch in Nepal zu der Erkenntnis geführt, dass Tourismus nur dann langfristig profitabel sein kann, wenn dieser nachhaltig betrieben wird. Und das sowohl auf ökologischer, ökonomischer als auch auf sozialer Ebene. Das dritte Kapitel der folgenden Arbeit wird sich daher mit dem Begriff der Nachhaltigkeit und dem Thema „nachhaltiger Tourismus" befassen.

Eine sehr große Rolle im Bereich nachhaltiger Tourismus in Nepal, spielt Bharat Basnet. Er begann seine Karriere als Trekking-Guide, bis ihm bald bewusst wurde, dass man als Bewohner Nepals Verantwortung für die ökologische Situation seines Heimatlandes übernehmen muss. Mittlerweile hat Basnet einige erfolgreiche (Tourismus)Projekte ins

---

[1] Dabei handelt es sich um den Anteil an Tourismuseinnahmen, die in Entwicklungsländern erzielt, aber wieder in die Industrieländer abgeführt werden. Beispielsweise durch Importe die für die Schaffung eines adäquaten Tourismusangebots notwendig sind. (vgl. Bergner 2006: 19)

Leben gerufen und das Bewusstsein vieler Menschen in seinem Umfeld verändert. Im letzten Kapitel wird Bharat Basnet und die Arbeit die er für Nepal leistet näher beschrieben.

Nepal - Länderüberblick

Das Land liegt im Zentrum des Himalayas, wo sich die meisten Achttausender der Welt befinden, zwischen dem Tiger im Süden (Indien) und dem Drachen im Norden (China). Mit einer Größe von 147181 km² ist es das Heimatland von 26,6 Mio. Menschen. Das Bevölkerungswachstum in den letzten zehn Jahren betrug 3,5 Mio. In Summe hat sich die Population in den letzten 40 Jahren verdoppelt. Im Jahr 2001 wurden 103 verschiedene ethnische Gruppen und 92 gelebte Sprachen gezählt. Die offizielle Landessprache ist Nepali und auch die Muttersprache der Hälfte der Einwohner. (Vgl. Population Division – Ministry of Health and Population 2011: 1, 3)

TOURISMUS IN NEPAL - ENTWICKLUNG UND STATUS QUO

Seit der Geburt Buddhas im Jahr 563 v.Chr. findet in Nepal Pilgertourismus statt. Das Land war jedoch bis ins 20. Jahrhundert nur für Diplomaten und westliche Wissenschaftler geöffnet. Dadurch sollte das Land isoliert und somit die eigene Kultur und Sitten bewahrt werden. Erst die Einführung der Demokratie im Jahr 1951 hatte die Öffnung des Landes zur Folge. Zuvor war die Einreise nur mit einer Sondergenehmigung die der Premierminister persönlich unterzeichnen musste möglich. (vgl. Bergner 2007:60) Die Erstbesteigung des Mount Everest von Tenzinng Norgay und Edmund Hillary im Jahr 1953 eröffnete der Welt Nepal als Bergtourismus Destination. Es war Thomas Cook der 1955 die erste organisierte Tour für westliche Touristen in Nepal ausrichtete. Im selben Jahr wurde das erste Hotel von Boris Lissanevitch, einem in Indien lebenden Russen, eröffnet. In den 1970er Jahren setzte, vor allem durch den wachsenden Trekkingtourismus ein ökonomisch relevanter Tourismus in Nepal ein. Einige Jahre später besuchten über 100000 Urlauber das Land. (vgl. Nepal 2004: 25f) Die Gründung des Sagarmatha (Mount Everest) Nationalparks 1976 und des Annapurna Conservation Area Projects und die damit verbundene Schutz von ökologisch fragilen Gebieten generierte weitere touristische Attraktivität des Landes. (vgl. Luger 2010: 170) In den neunziger Jahren wurde das Reisen nach Nepal zur Mode. Man schätzte vor allem das günstige Preis-Leistungsverhältnis und den friedlichen Charakter des Landes. Die Zahlen der Ankünfte unterliegen einem ständigen auf und ab. Der Tourismus im asiatischen Raum erlitt allgemein Einbußen aufgrund der Vogelgrippe, SARS, sowie der Terrorangst und dem Afghanistankrieg. Dazu kam, dass Nepal mit eigenen Problemen, wie dem Bürgerkrieg (1996 – 2006) zu kämpfen hatte. Resultierend aus all jenen Umständen, sank die Zahl der Touristenankünfte im Jahr 2002 auf 275.000. (Luger 2010: 171) Wenn die Touristenankünfte Stagnieren, steht dem Nepal Tourism Board nicht genügend Budget für die Vermarktung des Landes zur Verfügung – dadurch entwickelt sich ein nicht endender Kreislauf. (Bergner 2007: 76) Trotz allem wurden im Rekordjahr 2007 erstmals mehr als 500.000 internationale Touristenankünfte verzeichnet.

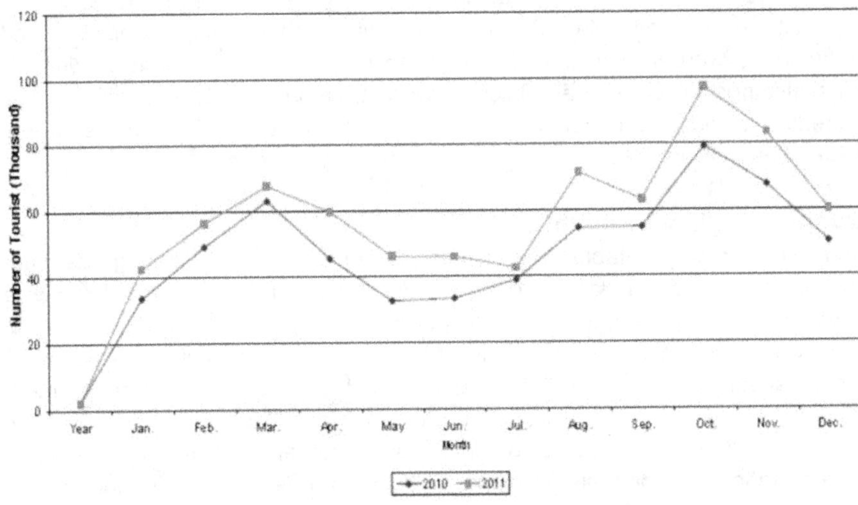

Abb.1: Monatliche Touristenankünfte 2010/2011 (Quelle: Nepal Tourism Report 2011: 10)

Von 2010 bis 2011 konnte Nepal ein Plus von 21,5% der Touristenankünfte verzeichnen. Hauptquellländer sind Indien, Sri Lanka, China, die USA und Großbritannien. Im Jahr 2010 konnten USD 368.733 erwirtschaftet werden.

Auch in Nepal hat sich im Laufe der Zeit der *Sustainable Tourism* als Marke etabliert. Daher wurde im Jahr 2004 eine „Sustainable Tourism Policy" und ein „Nepal Tourism Industrie Strategy Plan" entworfen. Dieser beinhaltet Marketingstrategien die bis zum Jahr 2020 verfolgt werden sollen. Dies zeugt davon, dass eine nachhaltige Tourismusentwicklung auch für die Regierung Nepals einen hohen Stellenwert erreicht hat. Auf diese Weis soll das touristische Potential des Landes genutzt und die Armut reduziert werden. (vgl. Luger 2010: 172)

Wirtschaftliche Bedeutung des Tourismus

„Die wirtschaftliche Entwicklung Nepals ist abhängig von einem gut funktionierenden Tourismusgeschäft." (Bergner 2007: 77)

Wie bereits im Länderüberblick zu erkennen ist, ist Nepal mit einem immensen Bevölkerungswachstum konfrontiert. Nur 18% der Gesamtfläche des Landes sind kultiviertes bzw. kultivierbares Land und trotz einer erheblichen Menge an Kunstdünger nimmt die Fruchtbarkeit des Bodens ab. Das System einer Subsistenzwirtschaft, von welcher 90% der Bevölkerung leben, ist nicht länger tragbar. Allerdings sind die einzigen Ressourcen des Landes ungelernte, billige Arbeitskräfte aus der Landwirtschaft und die einzige natürliche Ressource die Wasserkraft seiner Flüsse. Letzteres ist jedoch nur mit großem Kapitalaufwand nutzbar. Daher bleibt Nepal in der derzeitigen Situation nur mehr der Tourismus um sein Handelsdefizit zu verringern. (vgl. Gruber 1995: 196f) „In einem Land das mit so wenigen Rohstoffen auskommen muss - sieht man von Holz und Wasser ab – bleiben nicht viele Alternativen (Luger 2010: 172). Tourismus wird in vielen Entwicklungsländern als Chance zum Anschluss an die Wirtschaft gesehen. „Darüber hinaus erhofft man sich von der „weißen Industrie" Arbeitsplätze, Transfers von Know-How, Impulse für das lokale Handwerk und positive Effekte für ein allgemeines Wirtschaftswachstum". (Bergner 2006: 19) Diese bleiben jedoch meist aufgrund der so genannten Sickerrate aus (vgl. Fußnote 1). Mit etwa

US$40 pro Arbeitsplatz im Tourismus sind die Kosten vergleichsweise günstig. Der Wirtschaftszweig ist zum Drittgrößten Devisenbringer, neben der Teppich- und Textilstickerei-Industrie geworden. Um den Bedürfnissen der Touristen gerecht zu werden, hat sich die Dienstleistungsinfrastruktur erheblich entwickelt. Zahlreiche Hotels, Restaurants, Bars, Trekkingagenturen und Souvenirshops sollen den Aufenthalt der Urlauber versüßen. (Inmann/Luger/Rachbauer 1995: 293)

Herausforderungen für den Tourismus

Eines der Hindernisse für eine profitable Entwicklung des Tourismus ist die geringe Zahl der alphabetisierten Menschen und der daraus resultierende Mangel an Fachpersonal sowie „a lack of political will, weak implementation of state policies, and the government's failure to maintain law and order" (Population Division – Ministry of Health and Population 2011: 3).
Tourismus in Nepal ist sehr saisonal geprägt. Es gibt zwei Hauptreisezeiten, in denen mehr als 60% der Touristen Nepal besuchen. Das ist die Zeit nach dem Monsun, von September bis Dezember und im Frühjahr von Februar bis Mai. Für Besucher die aus dem westlichen Europa kommen und möglicherweise an die Monate August und September gebunden sind, kann eine Reise in diesem Zeitraum eher anstrengend werden, da man während der Regenzeit mit extremer Hitze, täglichen Regenfällen und einer hohen Luftfeuchtigkeit rechnen muss. Diese Umstände erschweren wiederum eine wirtschaftliche Verbesserung des Sektors Tourismus. Vor allem während der Zeit der Unruhen zwischen maoistischen Rebellen und dem König zwischen 1996 und 2006, waren Touristen mit einem erhöhten Sicherheitsrisiko konfrontiert. Außerdem wurde durch den Ausruf von „Bandhs"[2] das Transportwesen lahm gelegt und Geschäfte zum Schließen gezwungen, was für den Tourismus negative Folgen mit sich brachte. Mittlerweile besitzt Nepal hinsichtlich der Trekkinggebiete kein touristisches Monopol mehr, da afrikanische und lateinamerikanische Destinationen zur Konkurrenz wurden. Die soeben beschriebenen politischen Konflikte können daher die Wahl einer Trekkingdestination, wo es mittlerweile Alternativen gibt, beeinflussen.
Ein weiteres großes Problem aus touristischer Sicht ist die Umweltverschmutzung. Die Frage der Müllentsorgung ist in Nepal nach wie vor ungeklärt. Daher ist es üblich, dass der Müll am Straßenrand verbrannt wird. Dies hinterlässt zum einen ein negatives Erscheinungsbild und steigert die Unzufriedenheit der Besucher. Auch die Armutsproblematik schränkt den Kreis der potentiellen Nepalreisenden ein. Nicht jeder Urlauber möchte in der Zeit des Jahres in der er nach Erholung sucht, mit den teilweise erschreckenden Lebensumständen, resultierend aus Armut, konfrontiert werden. (vgl. Bergner 2006: 74f)

Negative Folgen des Tourismus

> *„Mit den Touristen kamen auch die negativen Erscheinungen westlicher Zivilisation ins letzte Dorf, ohne dass der Nutzen aus diesem Tourismus sich im höheren Lebensstandard niederschlägt."*
> (Inmann/Luger/Rachbauer 1995: 291)

In vielerlei Hinsicht ist es schwierig den negativen Einfluss von Tourismus auf ökologischer und sozialer Ebene zu messen. Was jedoch in Nepal deutlich zu erkennen ist, ist die Müllverschmutzung in stark frequentierten Trekkinggebieten wie beispielsweise der Everest Region. Durch den touristischen Aufschwung und die dadurch entstandenen Arbeitsplätze ist auch die Population gestiegen. Die Folge sind ernsthafte Schwierigkeiten in der Müllbeseitigung. Man schätzt, dass eine Trekkinggruppe von 15 Personen in 10 Tagen

---

[2] Dieser Begriff bezeichnet Streiks zu denen die Bevölkerung von den Maoisten gezwungen wurde.

durchschnittlich 15 kg biologisch nicht abbaubaren, nicht verbrennbaren Müll produziert. (vgl. Nepal 2003: 106f) Wie im letzten Kapitel dieser Arbeit genauer erläutert wird, war diese negative Entwicklung auch für Bharat Basnet mitunter ausschlaggebend für den Grundgedanken seiner Arbeit in Nepal.

Man kann es durchaus als Ironie bezeichnen, dass aus diesen Umständen eine neue Form des Tourismus entstanden ist: Nämlich das Sammeln von Müll. Auch die lokale Bevölkerung „profitiert" gewissermaßen davon, da in Form von Müllsammeln, neue Arbeitsplätze entstanden sind.[3] Der wachsende Trekkingtourismus hat auch zur Folge, dass der Almauftrieb des Viehs im Sommer und die Pflege der Alpweiden vernachlässigt werden und der Brennholzbedarf steigt. Des Weiteren sind kulturelle Schäden wie der Verlust der kulturellen Identität sowie traditioneller Sozialstrukturen zu beobachten. „Diese Schäden können mit allem Geld, mit aller Technik und mit aller staatlichen Sozialpolitik nicht mehr behoben werden." (Hagen 1995: 281)

NACHHALTIGKEIT

Das Konzept der Nachhaltigkeit ist nicht wirklich neu. 1713 wurden von dem deutschen Forstmann von Carlowitz bereits Kriterien für nachhaltige Handlungsweisen formuliert. (vgl. Ulbrich 1997: 17)

> *„Danach kann eine erneuerbare Ressource auf einer bestimmten Fläche und bei gleichbleibenden Erträgen ständig und dauerhaft genutzt werden, wenn die Regenerationsfähigkeit der natürlichen Ressource erhalten bleibt."* (Ulbrich 1997: 17).

Auf ein System bezogen bedeutet das, dass kein Bestandteil dieses Systems über seine „Erneuerungsfähigkeit" hinaus erschöpft werden darf. Dieser Gedanke wurde auf soziale Systeme erweitert. Somit handelt es sich bei einer nachhaltigen Entwicklung heutzutage um eine umweltverträgliche, sozial verträgliche, wirtschaftlich tragfähige und dauerhafte Entwicklung. Doch obwohl man zur Erkenntnis gekommen ist, dass die Folge von Umweltkrisen oft soziale Krisen sind und Umweltprobleme globale Ausmaße haben, mangelt es nach wie vor an einer Einigkeit über eine Problemlösungsstrategie. (vgl. Ulbrich 1997: 179) Ob im Bereich Forstwirtschaft, Landwirtschaft oder Tourismus: „Die Diskussion um Nachhaltigkeit krankt (…) insgesamt an einem Dilemma: Nachhaltigkeit wird betrachtet als feste Größe (…) ist aber viel eher ein Anspruch, eine Verhaltensweise, deren Wirkungen eines beständigen Monitoring bedürfen." (Ulbrich 1997: 17)
„Weil sich nachhaltiges Wirtschaften einer einfachen Definition entzieht, kann es nur Näherungslösungen geben, die von allen beteiligten Disziplinen (Natur -, Sozial – und Geisteswissenschaften) gemeinsam erarbeitet werden müssen." (Geographisches Institut der Universität Bern o.Z. zit. nach Baumgartner 2008: 25)

Von der Nachhaltigen Entwicklung zum nachhaltigen Tourismus

> *„Anlässlich der ersten United Nations Conference on Human Environment 1972 in Stockholm, die als Ausdruck des neu entstandenen Politikfelds ‚Umweltpolitik' gewertet werden kann und ins Jahr der berühmt gewordenen Veröffentlichung an den Club of Rome „Grenzen des Wachstums" fiel , wurde deutlich, dass die Probleme*

---

[3] Im Jahr 1991 wurde dann das Sagarmatha Pollution Control Committee (SPCC) gegründet um dieses und andere Umweltprobleme in Angriff zu nehmen.

der Menschheit nicht allein durch ‚ökologisches' Denken gelöst werden können, das soziale und wirtschaftliche Fragen ausschließen würde. Unter dem Begriff Ecodevelopment entstanden zum ersten Mal Überlegungen, die umweltschonende Strategien zur Förderung gerechter sozio-ökonomischer Entwicklungen im Auge hatten. In der Folge wurde der Begriff Ecodevelopment durch den des Sustainable Development ersetzt. Das mit diesem Begriff beschriebene Entwicklungsmodell nimmt Bezug auf die unterschiedlichen sozialen und wirtschaftlichen Entwicklungsstufen aller Regionen der Welt." (Baumgartner 2008: 23)

Bereits 1972 hatte der „Club of Rome"[4] mit seinem Bericht „Die Grenzen des Wachstums" auf die ökologische Katastrophe aufmerksam gemacht. Inhalt des 1973 mit dem Friedenspreis des Deutschen Buchhandels ausgezeichneten Berichts waren Ressourcenverschwendung, Wassermangel, Luftverschmutzung, Überbevölkerung und Klimaveränderung. Weiterentwickelt wurde der Gedanke der „sustainability" 1987 im Brundtland – Bericht der UN – Weltkommission für Umwelt und Entwicklung. (vgl. Kirstges 2003: 23) In dem 1987 von der ‚Weltkommission für Umwelt veröffentlichten Report ‚Our common Future', der ein Bewusstsein der Öffentlichkeit für die drohende ökologische Katastrophe wecken sollte, wurde unter dauerhafter Entwicklung „(...) eine Entwicklung [verstanden, d. Verf.] die den Bedürfnissen der heutigen Generation entspricht, ohne die Möglichkeiten zukünftiger Generationen zu gefährden, ihre eigenen Bedürfnisse zu befriedigen und ihren Lebensstil zu wählen" (UNCED 1987, zit. nach Baumgartner 2003: 24)

Unter dem Namen „Agenda 21" wurde bei der ersten Umwelt – und Entwicklungskonferenz der Vereinten Nationen in Rio de Janeiro, ein Entwicklungsmodell vorgestellt, das ein Konzept der nachhaltigen Entwicklung global und in allen Sektoren umfasst. (vgl. Kirstges 2003: 21) Ein Jahr danach erstellte die WTO eine Definition, die versucht nachhaltige Entwicklung auf Tourismus umzulegen:

„Sustainable tourism is defined as a model form of economic development that is designed to:

- improve the quality of life of the host community
- provide a high quality of experience for the visitor, and
- maintain the quality of the environment on which both the host community and the visitor depend" (WTO/OMT zit. nach Baumgartner 2008: 51)

Nachdem sich die siebente jährliche Nachkonferenz in Rio[5] intensiv mit dem Thema Tourismus befasste, wurde im November 1999 von der Welttourismusorganisation WTO der Global Code of Ethics verabschiede. Dieser stellt globale Spielregeln für alle im Tourismus beteiligten auf und basiert auf den Prinzipien der Nachhaltigkeit. (vgl. Baumgartner 2008: 7) Dieser Kodex, der sich an Reisende, Politik, Planung, die Tourismuswirtschaft und Medien richtet, enthält auch erstmals einen Sanktionsmechanismus. Ein 2004 fix eingerichtetes Weltkomitee kann von jeder Person und Institution der Mitgliedsstaaten angerufen werden.

---

[4] Der „Club of Rome" war „ein 100 Mitglieder starkes, 1968 gegründetes gemeinnütziges internationales Netzwerk von Persönlichkeiten mit herausragenden intellektuellen Fähigkeiten und einem fachlich ausgezeichneten Ruf" (Kirstges 2003: 23)

[5] Im Jahr 1992 fand die Konferenz der Vereinten Nationen für Umwelt und Entwicklung (UNCED) statt. Dort wurde mit der ‚Agenda 21' ein globales Aktionsprogramm für das 21. Jahrhundert verabschiedet und die wichtigsten Herausforderungen für das 21. Jahrhundert benannt. Die Unterzeichnerstaaten wurden dazu aufgefordert, eine Strategie zu entwickeln, die wirtschaftlich leistungsfähige, sozial gerechte und ökologisch verträgliche Ziele hat. (vgl. Jain 2006: 44)

Die ersten Beschwerden wegen Verstößen gegen den Code of Ethics erreichten das Weltkomitee im Jahr 2005. (vgl. Baumgartner 2008: 53)

BHARAT BASNET UND SEINE MISSION

Auch Bharat Basnet vertritt die Meinung, dass „Nepal auf Touristen angewiesen ist. Eine Gratwanderung. Der Einfluss ist nicht immer förderlich." Vor 33 Jahren ging Basnet nach Deutschland und Amerika, um das Geschäft mit dem Tourismus zu lernen. Als Junge vom Land, sah er damals unter Einfluss des American Way of Life sein armes Nepal neu, und begann die Einzigartigkeit seines Landes zu begreifen. Von da an war es sein Bestreben, sein kulturelles Erbe zu bewahren. (aTours 2008, onl.)

Seine Karriere begann Basnet im Jahr 1988, mit einer kleinen, eigenen Firma die sich auf Reisen, Trekking und auch Abenteuerurlaub konzentrierte. Der damalige ökologische Zustand der Trekkinggebiete, die mit Müll, welcher von den zahlreichen Trekkingtouristen einfach weggeworfen wurde, zugepflastert waren, führten dazu, dass Bharat bei seinen Touren immer eine Person mit sich führte, die den Müll aufsammeln sollte. Das Ergebnis waren zufriedene Gäste und eine – wenn auch anfänglich nur kleine – Verbesserung der Müllsituation. Mit der Zeit beschloss Bharat in der Tourismusbranche mehr Fuß zu fassen, jedoch legte er von Beginn an großen Wert darauf, dies auf umweltfreundliche Art und Weise zu tun. Er musste feststellen, dass es sehr schwierig war, in Nepal ein Hotel zu finden, das seine Prinzipien vertritt, nämlich den verantwortungsbewussten Umgang mit Energie und Wasser, die Verwendung von lokalen Produkten, eine faire Entlohnung des Personals sowie eine Reduktion von Plastik bzw. allgemein der Müllproduktion. Daraufhin beschloss er, selbst einen Betrieb zu gründen, der seinen Vorstellungen entsprach.

Eine Frage drängte sich ihm besonders auf: „Wie behalten wir den Wert unserer Kultur und damit unseren eigenen im Bewusstsein?" (aTours 2008, onl.) Genau darauf basiert der Grundgedanke seiner Arbeit: Die Umwelt schützen um den kulturellen Reichtum zu wahren. Im Jahr 1997 eröffnete er das erste Restaurant in Nepal, das Bojan Griha Restaurant, welches Unterhaltung durch lokale Folklore anbietet. Für Bharat sind die Erhaltung von Traditionen, und das Interesse der jüngeren Generation dafür sehr wichtig. Vor allem weil dadurch auch dringend benötigte Arbeitsplätze generiert werden können. Seiner Ansicht nach, soll der durch Tourismus erwirtschaftete Ertrag, der lokalen Bevölkerung zu Gute kommen. Daher versucht er auch weitgehend Einheimische zu beschäftigen und diese bestens zu schulen.

Er war von Anfang an, Mitorganisator der so genannten Clean-Up Trecks am Mount Everest und hat sich dafür eingesetzt, dass die stinkenden Tuk-Tuk Dreiräder aus der Hauptstadt verbannt wurden. Die Verschmutzung des öffentlichen Platzes *Tundikhel,* der vor allem für Einheimische als Naherholungsort dienen soll, hat Bharat als persönliche Beleidigung aufgefasst. Mittlerweile kann es oft passieren, dass man ihn dort mit einer Gruppe Freiwilliger, ausgestattet mit Mundschutz und Besen, beim Reinigen der Grünflächen vorfindet. Auch die touristisch stark frequentierte Tempelanlage von Swayambunath wird regelmäßig von Freiwilligen unter der Organisation von Bharat Basnet gesäubert. (aTours 2008, onl.)

Im Jahr 1988 gründete er die Ökotourismus-Organisation „Explore Nepal". Der Leitgedanke dieser Agentur ist es, ökologische, soziale und kulturelle Schäden verursacht durch den

Tourismus zu minimieren und zeitgleich den wirtschaftlichen Profit für die Bewohner Nepals zu maximieren.
Mittlerweile beschäftigt Bharat Basnet rund 300 Mitarbeiter, deren Aufgabe es unter anderem ist, zwei Hotels, drei Lodges und ein Restaurant in Katmandu zu führen. Die Häuser sind weitgehend frei von Plastik und aus einheimischen Materialien gebaut, seine Mitarbeiter ökologisch geschult. (Touristik aktuell (o.J), onl.)

Durch Maßnahmen wie keine Klimaanlagen, keine Lifte zu verwenden, die Verwendung von Solar- Wasserheizanlangen und die minimale Beanspruchung von Elektrizität zu forcieren, wird versucht den Energieverbrauch in allen dazugehörigen Gebäuden zu reduzieren. Obwohl sehr viel Wert auf Hygiene bei Handtüchern und Betten gelegt wird, bemüht sich die Gruppe um eine Minderung des Wasserverbrauchs indem zum Beispiel eine Toilettenspülung mit 3 – 5 Litern Wasser (statt mit üblicherweise 12 Litern) betätigt wird. Nicht nur, dass die Entsorgung von Müll ordentlich von statten geht, es wird vielmehr versucht, mittels eines Plastik- und Dosenfreiem Systems wenig Müll zu produzieren. Glas, Aluminium, Stahl, Papier und biologischer Abfall wird gesammelt, und in Katmandu verkauft um weiter verwertet zu werden.

Das Team der Explore Nepal-Gruppe engagiert sich aber auch für soziale Zwecke. Es werden Ausbildungs- und Arbeitsmöglichkeiten für Bewohner außerhalb Katmandu geschaffen. Des Weiteren wird die Beziehung zwischen den Mitarbeitern und der ansässigen Bevölkerung gefördert und die Besucher über Umwelt und Soziales in Nepal informiert.
Die Erhaltung von kulturellem Erbe, spielt für Bharat Basnet ebenfalls eine große Rolle. Daher hat die Organisation bereits mehrere Kampagnen gestartet, die dieses Ziel verfolgen. Zum Beispiel wurde beim Katmandu Dubar Square eine verkehrsfreie Zone geschaffen und für die Erhaltung des Ranipokari, eines historischen Sees in Katmandu gesorgt.
Die Stadt Bandipur, die aufgrund der Verschmutzung und der Lärmbelästigung resultierend aus der Verkehrssituation touristisch bereits ausgestorben war, wurde dank Bharat Basnet, der dort eines seiner Hotels besitzt wieder zum Leben erweckt.

Für ihre Arbeit haben Bharat und seine Mitarbeiter bereits zahlreiche Auszeichnungen erhalten. Wie zum Beispiel den „PATA environmental Award", der sie für ihren Beitrag als sozial verantwortungsbewusster Reiseveranstalter auszeichnet. Auch auf internationaler Ebene hat die Explore Nepal Gruppe bereits Anerkennung erhalten. Der „Association of German Travel Agents and Tour Operators (DRV) International Environmental Award" zeichnet sie für ihren herausragenden Beitrag zu Umwelt und Ökotourismus. Nicht zuletzt erhielten sie eine Auszeichnung für die Verbesserung der Umwelt Katmandus. (The Explore Nepal P.Ldt. (o.J), onl.)

Auch Bharat Basnets Tochter Subechhya ist sehr engagiert was den Schutz der Landschaft ihres Heimatlandes betrifft. Mit ihrem Vater als Vorbildrolle, hat sie sich dafür eingesetzt, dass in Nepal ein Green-Label-Zertifikat eingeführt wird. Außerdem betreibt sie am Gelände des Bojan Griha Restaurant einen kleinen Laden, in dem nur biologische, regionale Produkte verkauft werden. Ihre Kundschaft sind in erster Linie die Bewohner aus der Umgebung. Der Grund warum sie kommen ist nicht immer der ökologische Aspekt, da das Wissen darüber noch nicht weit verbreitet genug ist. Aber Subechhya kann ihren Kunden, aufgrund gewisser Abmachungen mit den Plantagenbetreibern, faire und gleichbleibende Konditionen bieten, was diese sehr zu schätzen wissen. Basnets Tochter ist wichtig, dass der Konsum organischer Produkte forciert wird und dass sich durch ihre Arbeit in den Köpfen der

Menschen etwas verändert. Deshalb ist es auch nicht gern gesehen, wenn ihre Kunden mit einem Plastiksack in ihren Laden kommen. Um dies zu unterbinden, verteilt Subechhya Stofftragetaschen, die mittlerweile ihre Verwendung finden.

Bharat Basnet selbst sagt, der Grund für den Beitrag den er zur Verbesserung der Umweltsituation leistet, ist aus der Notwendigkeit entstanden.

> *"I lived my childhood in the mountains with fresh air, fresh water, and never thought of anything else. Then I came to Katmandu, where slowly the city got bigger and bigger with more brick factories, and it got more polluted [...] I was raising my children, and I thought one thing I can surely offer is quality of life, which nature has offered all of us."*
>
> (Bharat Basnet)

FAZIT

„Ein wachsender sozial- und umweltverträglicher Naturtourismus könnte dem Land wichtige Deviseneinnahmen bringen." (Bmz 2012, onl.)

Wenn man dieses unglaublich spannende Land schon einmal besucht hat, versteht man das Anliegen von Bharat Basnet. Nepal verfügt über zahlreiche kulturelle, architektonische Schätze, sowie einer atemberaubenden Natur. Leider sind die Bewohner Nepals oft geblendet von der modernen westlichen Welt, die durch den Tourismus in das Land transportiert wird. Dadurch geht die Wertschätzung der eigenen Kultur vermehrt verloren. Mittlerweile geht der Reisetrend jedoch immer mehr in Richtung Authentizität und das Eintauchen in unberührte Kulturen. Genau hier sollte Nepal ansetzen, da das Potential des Landes in dieser Hinsicht enorm ist. Allerdings ist es um nachhaltig davon zu profitieren unumgänglich verantwortungsvoll mit dem kulturellen Erbe und der Umwelt umzugehen. Doch nicht nur aus ökonomischer Sicht besteht die Notwendigkeit der Umsetzung eines nachhaltigen Tourismus.

Die ökologische Situation wird global gesehen immer kritischer. Unfairerweise sind es oft die ärmsten Länder der Welt, die am meisten davon betroffen sind. Auch in Nepal sind die Konsequenzen des verantwortungslosen Umgangs mit unserer Umwelt nicht mehr zu übersehen. Die Himalayas schmelzen, die Regen- und Trockenzeiten geraten durcheinander. In der Regenzeit gibt es kaum noch Regen, und dann, wenn eigentlich Schnee fallen sollte, fällt Regen.

Um bei einer Förderung des energieaufwendigen Wirtschaftssektors Tourismus einer Verschlechterung der Situation dennoch entgegenzuwirken, gilt es auch mit endlichen Ressourcen bewusst zu wirtschaften und die anhaltende Luftverschmutzung einzuschränken. Was bei all diesen Überlegungen nicht vergessen werden darf ist der mitunter wichtigste, soziale Aspekt. Wenn sich ein Land wirtschaftlich entwickeln soll, muss auch die Bevölkerung die Möglichkeit haben, sich weiterentwickeln zu können. Wenn Einnahmen (aus dem Tourismus) der lokalen Bevölkerung zugutekommen, kann beispielsweise ein regelmäßiger Schulbesuch schulpflichtiger Kinder gewährleistet werden. Das wiederum führt langfristig gesehen zur Ausbildung von Fachpersonal, was das Land um wirtschaftlich aufzusteigen, dringend benötigt. Wenn die Bevölkerung jedoch den Eindruck hat, nicht fair behandelt und entlohnt zu werden, und nur zu arbeiten um jemand anderen zu bereichern, wird der langfristige Erfolg dieses Landes ausbleiben. Diese drei Aspekte, spiegeln genau den modernen Nachhaltigkeitsgedanken wieder. Gerade in einem Land, in dem die Bevölkerung gezeichnet ist von Korruption und negativen Erlebnissen, ist es wichtig, dass neue Systeme und Werte von Nepalesen, vermittelt werden. So entsteht Vertrauen und kein Misstrauen.

Kurz gesagt ist die Arbeit, die Bharat Basnet leistet, auf lange Sicht gesehen, lebensnotwendig für Nepal. Auch wenn er schon sehr viel erreicht hat und mittlerweile viele Menschen hinter ihm stehen, muss die Zahl der Unterstützer, vor allem aus den oberen Reihen, weiter wachsen. Bharat Basnet hat sich in all den, oft sehr schwierigen Jahren, nie von seinem Weg abkommen lassen, was mich positiv in Nepals Zukunft blicken lässt.

BIBLIOGRAPHIE

Monographien

Baumgartner, Christian (2008): Nachhaltigkeit im Tourismus. Von 10 Jahren Umsetzungsversuchen zu einem Bewertungssystem. Innsbruck: Studienverlag GmbH

Inmann,Karin/Luger, Kurt/Rachbauer, Dieter (1995) in Luger, Kurt/Inmann, Karin (Hsg.): Verreiste Berge. Kultur und Tourismus im Hochgebirge. Innsbruck: Studienverlag

Hagen, Toni (1995) in Luger, Kurt/Inmann, Karin (Hsg.): Verreiste Berge. Kultur und Tourismus im Hochgebirge. Innsbruck: Studienverlag

Gruber, Gerald (1995) in Luger, Kurt/Inmann, Karin (Hsg.) Verreiste Berge. Kultur und Tourismus im Hochgebirge. Innsbruck: Studienverlag

Nepal, Sanjay K. (2003): Tourism and the Environment. Perspectives from the Nepal Himalaya.Innsbruck-Wien-München: Himal Books und Studienverlag

Bergner, Angela (2007): Tourismus als Mittel zur Armutsminderung in Nepal. Das „Tourism for Rural Poverty Alleviation Programme (TRPAP)". Stuttgart: ibidem-Verlag

Kirstges, Torsten (2003): Sanfter Tourismus 3. Auflage. Oldenburg: Wissenschaftsverlag GmbH

Ministry of Helth and Population (2011): Nepal Dempgraphic and Health Survey 2011

Nepal Toursim Board (2011): Nepal Tourism Report 2011

Luger,Kurt (2010). Ökotourismus, Partizipation und nachhaltige Entwicklung. Erfahrungen aus einem regionalen Entwicklungsprojekt in Nepal.In: tw – Zeitschrift für Tourismuswissenschaft. Vol 2 (2)/2010, Ort: Verlag. S165 – 183

Ulbrich, Yörn/Kreib, Angela (Hg.) (1997): Gratwanderung Ökotourismus. Strategien gegen den touristischen Ausverkauf von Kultur und Natur. Gießen: Focus Verlag

Internet

aTours (2001/2008) : aktiv, aufgeschlossen, anders und abenteuerlich Reisen. Begegnungen im Tal von Katmandu. online unter http://atours.de/aTV4.1/Magazin/KatmanduBharatBasnet.html [aufgerufen am 20.04.2013]

EuBuCo Verlag Gmbh (o.J): Touristik Aktuell. Reiseberichte. Asien. Nepal: Vogelschutz statt Vogeljagd. online unter http://www.touristik-aktuell.de/reiseberichte/asien/news/datum/2008/03/03/nepal-vogelschutz-statt-vogeljagd/ [aufgerufen am 27.01.2013]

The Worldbank Group (2013): Data. Nepal online unter http://data.worldbank.org/country/nepal [aufgerufen am 17.04.2013]

The Explore Nepal P.Ltd.(o.J): About us. online unter: http://xplorenepal.com/aboutus.php [aufgerufen am 22.01.2013]

The Explore Nepal P.Ltd. (o.J): Sustainability. Our environmental, social and heritage preservation activities. online unter http://xplorenepal.com/sustainability.php [aufgerufen am 22.01.2013]

The Explore Nepal P.Ltd. (o.J): Our Awards. online unter http://xplorenepal.com/nepalpataawards.php [aufgerufen am 22.01.2013]

TOURISMUS IN DER REGION POKHARA

Larissa Neuburger, 2012

POKHARA UND SEIN TAL

Die Region Pokhara Tal mit ihrer Stadt Pokhara liegt im Mittelland Nepals auf rund 800 m Meereshöhe. Mit einer Länge von 39 km und der geringen Breite von 7 km liegt das Pokhara Tal ca. 200 km westlich von Katmandu, der Hauptstadt Nepals, entfernt. (vgl. Tüting 1999: 63) Das 124 km² große Tal beherbergt sieben Seen, darunter auch drei größere. (vgl. Krack 1992: 311) Aufgrund des flachen Landes in der Umgebung ist Pokhara sehr fruchtbar und daher sehr gut für die Landwirtschaft geeignet. (vgl. Cerny 1995: 268) Pokhara lebt neben dem Tourismus zum Großteil von der Landwirtschaft, doch auch der Handel und die Industrie haben in den letzten Jahren an Bedeutung dazu gewonnen. (vgl. Krack 1992: 311) Der Name der Stadt leitet sich vom nepalesischen Wort "pokhari" ab, was See oder Teich bedeutet und aufgrund der vielen Seen im Pokhara Tal zur Verwendung kam. Der See, welcher der Stadt Pokhara vorliegt, ist der Phewa Lake. Zehn Kilometer östlich liegen der Begnas Lake und der Rupakot Lake, die nur durch einen Hügel voneinander getrennt sind und sehr stark zum Fischfang genutzt werden. (vgl. Nepal Travel Guide: online)

Der Ort selbst erstreckt sich auf einer Länge von 11 km und kann in drei Gebiete aufgeteilt werden. Das Zentrum Pokharas besteht aus dem Geschäftsviertel Mahendra Pul und dem Basarviertel im Norden. Im Gebiet südwestlich von Pokhara liegt der Flughafen. Das entlang dem Phewa Lake gelegene Viertel Westsite ist das Haupttouristenviertel in Pokhara, in dem sich Hotels und Restaurants aneinander reihen. Diese Gegend am See kann wiederum in Pardi Dam, Bai Dam und Khahare Baidam eingeteilt werden. (vgl. Nepal Travel Guide: online)

Die Temperaturen in Pokhara sind um einiges wärmer als in der Hauptstadt Katmandu, was auch damit zu tun hat, dass Pokhara tiefer gelegen ist. So liegt die Durchschnittstemperatur im Winter bei 7°C und im Sommer bei 34°C. (vgl. Nepal Travel Guide: online) Auch wenn die Temperaturen im Herbst und im Winter in Pokhara um einiges wärmer sind als in Katmandu, so sind auch die Niederschläge während des Monsuns doppelt so stark. (vgl. Wheeler/Everist 1992: 429)

Eine kurze Geschichte der Region

Vor dem 14. Jahrhundert war das Tal von Pokhara von dem Volksstamm der Gurung bevölkert. Dieser Volksstamm ist vorwiegend dem Hinduismus zugewandt. In den entlegenen Bergdörfern binden sie allerdings auch tantrische und schamanische Riten ein. Da viele Gurung als Soldaten für die Briten kämpften, profitieren sie heute von hohen Renten und leben deshalb in wohlhabenderen Dörfern. Erst danach kamen auch Brahmanen und Chetri dazu, welche den oberen Kasten angehören. (vgl. Cerny 1995: 34 und 268) Als sich die eingesessene Bevölkerung der Newar aufgrund der Reformation des Hindu-Systems zerstritt und einen Bürgerkrieg zwischen den verfeindeten Lagern anzettelte, war es Jaya Yaksha Malla, der während seiner Regentschaft von 1428-1482 Frieden schuf. Seine drei Nachfolger teilten Nepal in die drei Fürstentümer Kantipur (Katmandu), Lalitpur (Patan) und Bhaktapur (Bhadgaon). Die Malla Könige setzten den Frieden von Jaya Yaksha Malla allerdings nicht fort, sondern bekriegten sich gegenseitig und schwächten damit ihre politische Macht. Im Jahr 1742 wurde Prithvi Narayan Shah König, beschloss die Malla zu besiegen und eroberte 1768 die Königsstädte Nepals. In diesem Zug gehörte auch Pokhara ab diesem Zeitpunkt zum neu vereinten Königreich. (vgl. Cerny 1995: 44f und 268)

Die Wichtigkeit der Region Pokhara entwickelte sich unter anderem aus den regen Handelsbeziehungen zwischen Indien und Tibet, besonders durch den Handel mit Salz und Wolle. Allerdings änderte sich das nach der Schließung der Handelswege Tibets durch China. (vgl. Tüting 1999: 64)

Bevölkerung

Die Bevölkerung des Pokhara Tals lag im Jahr 2008 bei 293.696. Im Jahr 1995 lag der Bevölkerungsstand noch bei ca. 50.000 Einwohnern. (vgl. Cerny 1995: 268) Pokhara war eine der am schnellsten wachsenden Städte Nepals. In einer Zeitspanne von fast 30 Jahren, nämlich zwischen 1952 und 1981, gab es in Pokhara ein Bevölkerungswachstum von über 100%, bei dem auch die Migration eine besonders große Rolle spielte. (vgl. Chhetri 1987: online)

Die Population Pokharas setzt sich aus verschiedenen Volksgruppen der unterschiedlichen Kasten Nepals zusammen. In Pokhara sind vor allem Newar, Magar, Thakali, Gurung, Kastenhindus wie Chhetris und Brahmanen, Inder und Tibeter präsent.

In den Berggebieten rund um die Stadt findet man vor allem Gurung, die in der Kolonialzeit als Soldaten in der britischen und indischen Armee kämpften. Viele Gurung leben in den Dörfern Ghandrung, Birethanti und Sikils. (vgl. Nepal Travel Guide: online) Diese Volksgruppen stellen die heutigen Gurhka-Soldaten, die eine lange Geschichte haben. Der Großteil der Soldaten stammt von den Gurung, aber auch von den Magar, Rai, Limbu, Sanuwar oder den Kasa. Der Name „Gurkha" bezeichnet die tapferen Krieger von damals und benannte das Gorkha Reich, von dem aus Nepal im 18. Jahrhundert erobert und zu seiner heutigen Form zusammengeschlossen wurde. Nach der Beilegung eines erbitterten Konfliktes um besetzte indische Gebiete im 19. Jahrhundert, rekrutierten die Briten die nepalesischen Soldaten, die sowohl in den beiden Weltkriegen, als auch im Golfkrieg auf Indischer Seite kämpften. Ein besonderes Kennzeichen der Gurkha-Soldaten war dabei ihre spezielle Waffe – ein gewölbter Dolch mit dem Namen „Khukri". In den 90er Jahren wurde das Gurkha Regiment von 7.000 auf 2.500 Soldaten reduziert. Aufgrund des guten Verdienstes, den die Soldaten nach Hause schicken konnten, gehörten die Gurkha Dörfer immer zu den wohlhabendsten in Nepal. (vgl. Krack 1992: 312)

Die Thakali Volksgruppe hat sich vorwiegend dem Tourismus verschrieben, betreibt viele Hotels in ganz Nepal und in der Region Pokhara und ist dafür auch landesweit bekannt. (vgl. Krack 1992: 312f) Ihre Muttersprache ist ein tibetanisch-burmesischer Dialekt mit dem Namen „Tamhaang Kura", ihr ursprüngliches Siedlungsgebiet liegt in der Region Mustang in Thak. Dort leben Sie sowohl vom Handel als auch von der Landwirtschaft. Gerade durch den Handel mit Tibet konnten sich die Thakali in der Vergangenheit einen relativ hohen Lebensstandard erarbeiten.

Nach der schwierigen politischen Situation in Tibet, der Schließung der dortigen Handelsrouten und dem damit verbundenen Zusammenbruch des Handels mit Tibet, sahen die Thakali Pokhara als neues Handelszentrum an und ließen sich zum Großteil hier nieder (vgl. Chhetri 1987: online)

Bergwelt im Pokhara Tal

In 30 – 60 km Entfernung vom Zentrum der Stadt befinden sich acht hohe Berggipfel, die auf das Pokhara Tal hinuntersehen, darunter auch zwei 8.000er. Pokhara liegt am Fuße des Annapurna Massivs., das mit seinen Gipfeln Annapurna South (7.219 m), Annapurna I (8.091 m), Annapurna II (7.937 m), Annapurna III und Annapurna IV (beide über 7.500 m hoch) über dem Tal thront. Der Annapurna I der erste Achttausender, der in den 1950er Jahren bezwungen wurde. Ihm gegenüber ragt ein weiterer 8000er in den Himmel: Der Dhaulagiri mit 8.167 m ist aber nicht von allen Teilen Pokharas aus zu sehen. Der Machhapuchhare mit seinen fast niedrigen 6.993 m ist mit seiner Matterhorn-ähnlichen Form der eindrucksvollste Gipfel, der über die Stadt blickt. Der Name Machhapuchhare kommt vom Wort "Fischschwanz", da die Bergspitze einer Fischflosse sehr ähnlich sieht. (vgl. Tüting 1999: 63) Dieser Gipfel darf bis heute nicht erklommen werden, da er nach wie vor als heiliger Berg gilt, auf dem die Götter sitzen. (vgl. Cerny 1995: 272) Vor dem Verbot versuchte unter anderem der Begründer von Mountain Travel den Machhapuchhare zu erklimmen. Dieser scheiterte jedoch 50 m unter dem Gipfel des Berges, da die Sherpas sich weigerten den heiligen Berg zu besteigen. (vgl. Wheeler/Everist 1992: 434)

Besonderheiten, die im Himalaya Gebiet nördlich von Pokhara gefunden werden können, sind Saligramme. Das sind schwarze Ammoniate von Meerestieren, die mehr als 100 Mio. Jahre alt sind. Diese Fossilien stellen auch beliebte Souvenirs aus der Gegend Pokhara dar. Außerdem waren sie für die Wissenschaftler der Beweis, dass das Pokhara Tal früher gänzlich unter Wasser stand. Für die Nepalis haben diese Saligramme religiöse Bedeutung und sind daher unter anderem im Binde Basini Tempel im Pokhara zu finden. (vgl. Wheeler/Everist 1992: 435)

Flüsse und Seen im Pokhara Tal

Der Phewa Lake ist nach dem Rara Lake im Westen Nepals der zweitgrößte See Nepals und stellt das Touristenzentrum Pokharas dar. Entlang der Seepromenade wurden sogenannte Chautaras um die vielen großen Bäume gebaut. Chautaras sind Steinplattformen, die gebaut wurden, um das Karma für das nächste Leben zu verbessern. Heutzutage dienen diese Plattformen als Schattenspender für die zahlreichen Touristen. (vgl. Wheeler/Everist 1992: 432f)

Der Phewa Lake hat sich mit großer Wahrscheinlichkeit vor 25 – 65 Mio. Jahren gebildet. Er verfügt über eine Uferlinie von ca. 4 km und hat eine Wasserfläche von ca. 4,43 km^2. An der tiefsten Stelle ist der See 19 m tief. Die Wassertemperaturen bewegen sich zwischen einer Minimaltemperatur von ca. 13°C und einer Höchsttemperatur von ca. 25,5°C. (vgl. Report on Pokhara: online)

Der Seti Gandaki Fluss fließt mitten durch die Stadt Pokhara und über weite Strecken auch unterirdisch, oft sogar über 50 m. Die milchige Farbe des Flusses gibt ihm den Namen "Seti", was "weiß" bedeutet und entsteht weil der Boden des Flussbettes aus Kalkstein besteht. (vgl. Wheeler/Everist 1992: 435)

Die Stadt und das Tal von Pokhara, mit ihrem vor allem bei Touristen beliebten Landschaftsbild, haben mit vielen Umweltproblemen zu kämpfen. Gerade der Phewa Lake ist bedroht: Die beschleunigte Eutrophierung des Wassers, invasive Pflanzenarten, die Sedimentation des Seeufers und die Wasserverschmutzung durch Müll und Abfälle der Landwirtschaft, setzen dem See immer mehr zu. Darüber hinaus sind auch die Verstädterung von Pokhara und die rasante Zunahme des Tourismus große Probleme, die mitverantwortlich für die „Schrumpfung" des Sees von seinen ursprünglichen 5,8 km² im Jahr 1981 auf ca. 4,4 km² im Jahr 2001 sind. (vgl. Report on Pokhara: online)

The future of Phewa Valley is a cause for concern because of siltation, pollution and encroachment from several points and sources. (Pandey et al. 1995: online)

Auch die Verbauung der Seeufer ohne angemessene Planung setzt der Umwelt des Phewa Lake zu. Besonders der Bau von Straßen sowohl in der Vergangenheit als auch in der Zukunft führt zu einer erhöhten Verschlickung der Seeufer. Die meisten Schmutzstoffe kommen jedoch aus dem Zufluss des Seti, der Abwässer aus den Hotels, Geschäften und Haushalten in den See leitet. (vgl. Pandey et al. (1995): online)

Verkehrserschließung

Die Verkehrserschließung Pokharas erfolgte eigentlich sehr spät. Erst im Jahr 1968 erreichte das erste Auto Pokhara von Indien aus über den fertig gestellten Siddharta Highway. 1972 bauten die Chinesen den Prithvi Highway, seitdem ist Pokhara mit der Hauptstadt Katmandu verkehrstechnisch über Land verbunden. (vgl. Tüting 1999: 64)
Finanziert wird der Straßenbau in Nepal auch heute noch hauptsächlich von Ländern wie Indien, China, den USA, England, Russland oder der Schweiz. Der Bau der Straßen und auch die Instandhaltung der gebauten Straßen stellen die Ingenieure immer wieder vor massive Probleme. Der instabile Untergrund, die vielen Erdrutsche oder der massive Regenfall in der Monsunzeit bringen den Verkehr oft über Monate hin zum Erliegen. (vgl. Donner 1990: 114)

Daher spielt vor allem der Pokhara Airport als Regionalflughafen im zentralen Mittelland von Nepal, eine zentrale Rolle. Er existiert seit dem Jahr 1958 und wird von der Regierungsabteilung "Civil Aviation Authority of Nepal" betrieben. Von hier aus gehen Flüge in die Hauptstadt Katmandu, nach Jomsom in die nördliche Region Mustang und nach Manang. (vgl. Nepal Channel: online) Die Flugverbindung von Katmandu nach Pokhara besteht seit dem Jahr 1962. (vgl. Krack 1992: 310)

Der Flughafen ist mit einer Terminalkapazität von 120 Personen pro Stunde, nach dem Tribhuvan International Airport in Katmandu, der zweitwichtigste Flughafen Nepals und liegt 30 min. Flugzeit von der Hauptstadt entfernt. Der Pokhara Airport fungiert allerdings nicht nur als Regionalflughafen, sondern auch als Landeplatz für Hubschrauber, die von Touristen gechartert werden können. Diese können, wenn sie das nötige Kleingeld mitbringen, Segelflugzeuge, Gleitflugzeuge oder Ultraleichtfluggeräte mieten bzw. für Rundflüge buchen. (vgl. Civil Aviation Authority of Nepal: online)

Durch den Ausbau der Straßen besteht auch eine regelmäßige Busverbindung zwischen Pokhara und der Hauptstadt Katmandu. Für eine Busfahrt zwischen den Städten benötigt man auch heute noch ca. 5-6 Stunden. (vgl. Cerny 1995: 268)

TOURISMUS IN POKHARA

Pokhara ist nach dem Katmandu Tal das zweitbeliebteste Reiseziel der Touristen in Nepal. Jährlich besuchen ca. 500.000 Touristen die Region. Davon sind ca. 50% internationale Touristen. Diese geben ca. $75,- pro Tag in der Region aus. Die touristische Infrastruktur besteht momentan aus über 500 Unterkünften und über 100 Reiseagenturen, die Touristen nach Pokhara bringen. Die Nächtigungsrate liegt durchschnittlich bei 2 Nächten, obwohl diese Aufenthaltsdauer oft nach einer Trekkingtour noch einmal mit 2 Nächten verdoppelt wird. Das Ziel der Ankünfte für das Jahr 2020, das sich die Hotel Association of Pokhara und das Tourism Council Pokhara gesetzt haben, liegt bei 2 Mio. Touristen. Dieses Ziel wird auch von der lokalen Bevölkerung unterstützt, die den Tourismus immer schon als große Chance in der Region wahrgenommen hat. (vgl. Parajuli/Shapkota 2012: Interview) Der Tourismus in der Region Pokhara ist saisonal konzentriert. 35% der Touristen in Pokhara besuchen die Region in den Monaten Februar bis April und 33% von September bis November. (vgl. Pitamber 2000: 56)

Seit dem Bau der Straßen benutzten 81% der nicht indischen Touristen in den Jahren 1976 bis 1993 diese als Hauptverkehrsrouten. Von diesen reisten ca. 83% aus der Richtung der Hauptstadt Katmandu und 17% aus der Richtung Bhairahawa an. Nach dem Bau des Flughafens wuchs die Zahl der Flugtouristen und im Jahr 1994 bereisten 28% die Region mit dem Flugzeug. (vgl. Pitamber 2000: 56) Nachdem der Tourismus in den 90er Jahren wuchs und durch die Straßen die Region leicht erreichbar wurde, siedelten sich in Pokhara auch viele Kundendienste und kleinere Industrieunternehmen an. Diese Chance für die Entwicklung der Region wurde durch den Tourismus geöffnet und zog weitere Migranten und Investoren an. Diese Entwicklungen begünstigten das Bevölkerungswachstum und machten Pokhara zu der am schnellsten wachsenden urbanen Region in Nepal. Auch die Rolle des Tourismus am Arbeitsmarkt ist nicht zu unterschätzen. Im Jahr 1993 arbeiteten 2.038 Leute im Tourismus. Davon arbeiteten 72% in Hotels und Beherbergungsbetrieben, 13% in Verbindung mit Kunsthandwerk und Souvenirs und die restlichen 15% im Reisehandel. (vgl. Pitamber 2000: 57)

Touristische Attraktivität

Im Gegensatz zu den von Menschenhand geschaffenen Heiligtümern im Katmandu-Tal sind es hier die natürlichen Heiligtümer, die Wohnsitze der Götter, die zu wahren Fotoorgien animieren.
(Tüting 1999: 63)

Nach Katmandu ist das Gebiet um Pokhara das beliebteste Reiseziel in Nepal.
(Wheeler/Everist 1992: 421)

40-50% aller Touristen, die Pokhara besuchen, sind Gäste, die schon einmal Pokhara besucht haben und dies wiederholen. Pokhara ist aufgrund seiner natürlich Lage am Fuße der Berge und im Zentrum der vielen Seen, kombiniert mit dem milden Klima, der perfekte Ausgangsort für die verschiedenen Trekkingrouten. Die natürliche Schönheit der Region wurde von den Touristen schon in den 70er und 80er Jahren erkannt und schon damals mit einer mehrfachen Wiederkehr belohnt. Immer öfter besuchen auch zahlreiche nepalesische Gäste die Gegend. Die zusätzliche Entwicklung vieler Angebote im Abenteuer- und Sportbereich, wie Paragliding oder Rafting trägt weiter zur Steigerung der Attraktivität der Destination bei. (vgl. Parajuli/Shapkota 2012: Interview)

Pokhara ist für viele Touristen der Startpunkt für Trekkingtouren im Gebiet rund um den Annapurna. Besonders beliebt sind Touren nach Jomsom oder in die Region Mustang (vgl. Nepal Travel Guide: online) Über 60% aller Trekking-Zulassungen in Nepal werden für die Annapurna Region in Pokhara ausgestellt. Jährlich besuchen ca. 50.000 Trekking Touristen diese Gegend. (vgl. Pitamber 2000: 56)

Es gibt verschiedene Arten von Trekking-Touristen im Pokhara Gebiet. Die FIT-Touristen (Free Individual Tourists) reisen individuell, alleine und ohne Träger. Die Tea-House Trekker lassen sich von Agenturen leiten. Kost und Logis werden auf den Trekkingwegen in Restaurants und Hotels bzw. Lodges organisiert. Die dritte Art von Trekking-Reisen wird vollständig von Agenturen organisiert und begleitet. Dabei sind die Agenturen für die Logistik, Leitung und Organisation der Zeltcamps und des Essens zuständig. (vgl. Pandey, Ram Niwas: online)

Touristische Entwicklung und Ziele

> *Neben Goa war Pokhara eines der zweit größten Hippie Ziele seiner Zeit.*
> (Nepal Travel Guide: online)

Vor der Verkehrserschließung Pokharas war diese Gegend größtenteils von der Außenwelt abgeschnitten. Die Touristen brauchten in dieser Zeit eine Woche zu Fuß um überhaupt in die Region Pokhara zu gelangen. (vgl. Krack 1992: 310)

Die touristische Entwicklung Pokharas begann in den 50er Jahren des 20. Jahrhunderts, als man Malaria bekämpfen konnte und dadurch in den Griff bekam. Auch der Bau des Flughafens, eines Staudammes zur Stromerzeugung und der Straßen in den 70er Jahren förderten die Entwicklung der damals noch abgelegenen Region. (vgl. Wheeler/Everist 1992: 429) Zu der Zeit konnten sich aber nur wohlhabende Touristen die Flugtickets leisten, weshalb im Jahr 1962, als die erste Flugverbindung von Katmandu nach Pokhara eingerichtet wurde, nur 681 Touristen die Region besuchten. Damals gab es nur drei Hotels in Pokhara, die allerdings ohne Strom auskommen mussten und nicht über ausgebaute Straßen erreichbar waren, da es diese zu dem Zeitpunkt einfach noch nicht gab. (vgl. Krack 1992: 310) Im Vergleich dazu wurden einige Zeit vorher, im Jahr 1957, nur 119 Touristen in Pokhara registriert.

Nach 1962 wuchs die Zahl der Touristen rasant an. Schon im Jahr 1976 besuchten 31.026 Touristen die Region. Bis zum Jahr 1995 verdoppelte sich diese Zahl auf 63.782 Touristen - ohne dabei die indischen Touristen mitzuzählen, die vor allem wegen des Heiligtums von Muktinath weiter nördlich in Mustang, nach Pokahara kommen. Touristen aus England, Frankreich und Deutschland stellen dabei einen Anteil von 27%, Touristen aus den USA und Japan einen Anteil von ca. 9%. Der Anteil der Gäste aus Indien wurde in den 90er Jahren auf über 50% geschätzt, was die Anzahl der Touristen im Jahr 1995 auf über 100.000 Personen ansteigen ließ. (vgl. Pitamber 2000: 56) Besonders in den 90er Jahren fand dann eine schnelle und rasante Entwicklung statt. (vgl. Wheeler/Everist 1992: 429) Im Jahr 1993/1994 beherbergte Pokhara 186 Hotels und Lodges mit einer Gesamtbettenkapazität von 4.445. Mehr als die Hälfte dieser Hotels entstand nach 1990 und 45% wurden zu dieser Zeit von „Outsidern" geführt, also Menschen die nicht aus der Region waren. Die absolute Spitze an Touristen verzeichnete Pokhara im Jahr 1992, als über 69.000 ausländische Touristen die Region besuchten.
Für den Trekkingtourismus war gerade die touristische Öffnung der Gebiete Manang und Southern Mustang ausschlaggebend; dadurch entwickelte sich die Region Pokhara zu einem Paradies für Trekkingtouristen. Schon zwischen den Jahren 1980 und 1993 gaben 62,4% der Touristen Trekking als ihren Hauptreisegrund an nach Nepal zu reisen. (vgl. Pitamber 2000: 56) Mittlerweile ist Pokhara Nepals Tourismusdestination mit der zweithöchsten Zahl

an Besuchern, nach dem Katmandu Tal. (vgl. Conservation of Phewa Lake of Pokhara: online)

> *Pokhara also has the problem of large number of tourists and visitors from different parts of the kingdom and the globe, which adds the sanitary problems of the city and Phewa Lake.* (Parajuli 2009: online)

Die Auswirkungen des Tourismus auf die Umweltsituation des Seengebiets Pokhara, insbesondere auf den Phewa Lake inmitten des Zentrums des Tourismusgeschehens wurden mittlerweile genauso erkannt, wie die Auswirkungen der schlechten Umweltsituation auf den Tourismus. Pokhara lebt von seiner Naturschönheit und der intakten Balance zwischen Bergen und Seen. Um das Problem der Müllentsorgung und der Verschmutzung des Sees in den Griff zu bekommen, entwickelt der Prime Minister von Nepal einen "Masterplan" zur Erhaltung des Phewa Lake. Denn die lokale Bevölkerung ist ebenso vom Fischfang aus dem Phewa Lake abhängig wie ihr Nutzvieh den See zum Überleben braucht. Auch der Umgang mit dem Massentourismus in Pokhara ist im Begriff sich zu verändern. Gezielte Marketingstrategien und Produkte für nachhaltigen Tourismus sind in Planung. Marketing ist in Pokhara erst seit ca. 10 Jahren in den Köpfen verankert. Ein gezieltes Marketing ist auch für die Suche nach Investoren wesentlich. Diese sind für die Region sehr wichtig, da dem Land oft das Geld fehlt, notwendige Maßnahmen im Bereich der Infrastruktur und des Umweltschutzes zu finanzieren. Investoren wären für Pokhara eine weitere Möglichkeit, das sich langsam entwickelnde Umdenken für einen anderen Umgang mit ihren Ressourcen der Umwelt umzusetzen. Aber auch die Entwicklung der politischen Situation in Nepal ist unsicher. Diese Instabilität ist eines der größten Probleme der Region, da viele Pläne und Maßnahmen nicht umgesetzt werden können und auch Investoren weiterhin auf einen stabilen, politischen Frieden warten. (vgl. Parajuli/Shapkota 2012: Interview)

Neben den besonderen Naturerlebnissen hat Pokhara auch kulturell einiges für die Besucher zu bieten. Der bekannteste Tempel in Pokhara ist der Binde Basini Tempel, der auf einer Bergkuppe an einem Park liegt. Der Tempel wurde im Shikhara-Stil erbaut und ist der Göttin Durga in ihrer Offenbarung als Binde Basini Baghwati gewidmet. (vgl. Wheeler/Everist 1992: 435) Im Tempel gibt es eine besondere Figur der Göttin, die vollständig aus Saligram (siehe Abschnitt 1.3) gefertigt wurde. Die Legende der Entstehung des Tempels hat mit eben dieser Figur zu tun. Denn als der König von Kaski die Figur aus den Bindyachal Bergen nach Kaskikot bringen wollte, machte er in Pokhara Rast. Als er wieder aufbrechen wollte, ließ sich die Figur nicht mehr von der Stelle bewegen und der König beschloss, der Göttin dort einen Tempel zu bauen. (vgl. Krack 1992: 314)

Etwa in der Mitte des Phewa Lake liegt eine kleine Insel, auf der sich ein kleiner Tempel mit zweifachem Dach befindet. Er ist dem Gott Varaha gewidmet, der eine Inkarnation des Gottes Vishnus darstellt. (vgl. Wheeler/Everist 1992: 434)

Im Basargebiet der Stadt Pokhara befindet sich ein Bhimsen-Tempel ebenfalls mit zweifachem Dach. Dieser präsentiert erotische Holzschnitzereien auf den Dachstreben des Tempels. Auch auf der Hauptstraße des alten Pokharas steht ein Bhimsen Tempel, der stark an die newarischen Tempel in Katmandu erinnert. (vgl. Wheeler/Everist 1992: 434f)

Das junge buddhistische Kloster Buddha Gumba liegt auf einem kleinen Hügel und bietet sowohl schöne Wandgemälde als auch eine große Buddha Statue aus Bronze. (vgl. Krack 1992: 316)

Auch zwei Museen bieten den Touristen in Pokhara Interessantes und Wissenswertes. Das Pokhara Museum beschäftigt sich mit der Geschichte der Region. Im Norden der Stadt steht

das Annapurna Regional Museum auf dem Gelände der Universität. Das Museum ist das naturhistorische Museum der Stadt und zeigt unter anderem eine umfangreiche Sammlung von Schmetterlingen und Motten aus Nepal. (vgl. Wheeler/Everist 1992: 435)
In zwei Kilometer Entfernung vom Flughafen Pokhara befindet sich der Devi-Wasserfall. Er wird auch Fadke-, Devin`s- oder Davids-Wasser genannt. Der Fluss Pardi Khola verschwindet hier in einem Loch im Felsen. Nach 200 m tritt der Fluss wieder an die Oberfläche und mündet danach in den Phusre Khola Fluss, der wiederum in den Seti Gandaki Fluss mündet. (vgl. Wheeler/Everist 1992: 435)

Die Hyengja Tibeter Flüchtlingssiedlung im Norden von Pokhara wurde mit Hilfe der Schweiz aufgebaut. Die Bewohner des Camps verdienen ihr Geld hauptsächlich durch den Tourismus, indem sie ihre Handwerksarbeiten wie handgeknüpfte Teppiche an die Besucher verkaufen. (vgl. Cerny 1995: 276) Ebenfalls in zwei Kilometer Entfernung vom Flughafen liegt das tibetische Dorf Tashiling, wo die tibetischen Flüchtlinge ebenfalls Teppiche knüpfen. (vgl. Wheeler/Everist 1992: 435)

SCHLUSSBETRACHTUNGEN

Pokhara ist nicht nur die zweigrößte Stadt Nepals, sondern auch die zweitbeliebteste Destination in Nepal. Durch seine spezielle geografische Lage am Fuße des Annapurna Massivs, umgeben von sieben Seen und seiner Lage auf einer Seehöhe von nur 800 m und dem dadurch sehr milden Klima, ist Pokhara der perfekte Ausgangspunkt für Trekkingtouren. Der Tourismus in Pokhara entwickelte sich nach dem Bau der Straßen und des Flughafens rasant und ist schon einige Zeit die Haupteinnahmequelle der Region. Durch das Tourismuswachstum folgten auch die Zuwanderungen, die Niederlassungen vieler Firmen und dadurch ein massives Bevölkerungswachstum. Durch die schwierige politische Situation in Nepal und der unsteten Regierungssituation sind Investitionen der öffentlichen Hand sehr unsicher und rar. Deshalb bleibt auch die Verbesserung der Infrastruktur, die durch den ständig wachsenden Massentourismus nötig wäre, auf der Strecke. Gerade die Müll- und Abwassersituation ist mittlerweile sehr bedenklich und die Umwelt leidet stark unter dieser Situation. Besonders der Phewa Lake inmitten der Stadt ist sehr gefährdet. Da die natürliche Schönheit das Kapital dieser Tourismusdestination darstellt, ist die zukünftige Entwicklung äußerst unsicher. Die Investitionen auf dem privaten Sektor werden immer höher und auch die touristischen Einrichtungen wie Hotels, Restaurants oder Souvenirgeschäfte wachsen der ständig höher werdenden Nachfrage der Touristen entgegen. Auch das Ziel der Destinationsorganisation ist die stetige Steigerung der Nächtigungszahlen. Diese Ausrichtung der Stakeholder kann sowohl zu einer negativen Entwicklung der Umwelt, als auch zu einer daraus resultierenden negativen Entwicklung der Tourismuszahlen führen.

BIBLIOGRAPHIE

Chhetri, Ram Bahadur (1987): Migration, adaption and socio-cultural change: the case of the Thakalis in Pokhara, http://www.nepjol.info/index.php/OPSA/article/view/1056/1640, [Aufgerufen am 13.07.2012, 11.30 Uhr]

Cerny, Christine (1995): Nepal. Dreieich: Mai Verlag

Civil Aviation Authority of Nepal: Pokhara Airport, http://www.caanepal.org.np/index.php?option=com_content&view=article&id=63&Itemid=73, [Aufgerufen am 23.06.12, 11.00 Uhr]

Donner, Wolf (1990): Nepal. Im Schatten des Himalaya. München: C.H. Beck´sche Verlagsbuchhandlung

Katmandu University - School of Science: Report on Pokhara Tour, http://www.scribd.com/doc/59327264/Pokhara-Report, [Aufgerufen am 05.07.2012, 23.00 Uhr]

Nepal Channel: Pokhara Airport, http://www.nepal.com/airports/pokhara/, [Aufgerufen am 23.06.12, 11.30 Uhr]

Nepal Travel Guide: Pokhara – Am Fuße des Himalaya, http://www.nepal-travelguide.de/pokhara-allgemein.html, [Aufgerufen am 24.06.2012, 16.30 Uhr]

Pokharel, Shailendra (2003): Conservation of Phewa Lake of Pokhara, Nepal, http://rcse.edu.shiga-u.ac.jp/gov-pro/plan/2008list/06-020503.pdf, [Aufgerufen am 08.07.2012, 22.00 Uhr]

Pandey, Ram Niwas et al. (1995): Case Study on the effects of tourism and culture and the environment – Nepal, Chitwan-Sauraha and Pokhara-Ghandruk, http://www.scribd.com/doc/38975001/Nepal-Tourism-Casestudy#outer_page_37, [Aufgerufen am 09.07.2012, 16.00 Uhr]

Parajuli, Biswo Kalyan (2009): Environmental pollution and awareness in Pokhara city - A Sociological Perspective, http://himalaya.socanth.cam.ac.uk/collections/journals/opsa/pdf/OPSA_06_06.pdf, [Aufgerufen am 12.07.2012, 16.30 Uhr]

Sharma, Pitamber (2000) (Ed.): Tourism as Development. Case Studies from the Himalaya Innsbruck/Wien/München: STUDIENVerlag

Tüting, Ludmilla (1999): Marco Polo Nepal. Ostfildern: Mair Dumont Marco Polo

Wheeler, Tony/Everist, Richard (1992): Nepal-Handbuch. Bremen: Walther Verlag

Upadhyaya, Bhim (2010): Feasibility Study of Mechi – Mahakali and Pokhara – Katmandu Electric Railway, http://www.scribd.com/doc/34927132/Nepal-Mechi-Mahakali-and-Pokhara-Katmandu-Electric-Railway-Executive-Summary-of, [Aufgerufen am 09.07.2012, 10.00 Uhr]

Sonstige Quellen

Parajuli, Bharat/Shapkota, Tika (2012): Interview und Diskussion. Pokhara, 20. Mai 2012

KESHAR MAHAL GARDEN OF DREAMS – EIN PROJEKT ZUR FÖRDERUNG DER LANDSCHAFTSARCHITEKTUR UND ERHALTUNG DES KULTURELLEN ERBES IM KATMANDU TAL Laura Sperber, 2012

DAS LANDSCHAFTSBILD NEPALS

> *Der heutige Tourismus (…) ist ein zentrales Kennzeichen modernen Gesellschaft. Er ist Resultat fortschreitender gesellschaftlicher Entwicklungen und Ausdruck modernen Lebensstils, der geprägt ist vom zunehmenden Bedürfnis nach persönlicher Entfaltung und individuellen Erlebnismöglichkeiten.* (Bachleitner et al. 1999:11)

Die Vermutung kann angestellt werden, dass Keshar Shumsher, der den Keshar Mahal Garden of Dreams in den 1920ern erbauen ließ, seiner Zeit nicht den Tourismus als Grundstein für die Erbauung seines Gartens sah, obgleich das obige Zitat auch auf den „Garden of Dreams" zutrifft (vgl. Garden of Dreams 2012 a: onl.). Der Garten ist nicht nur kulturelles Erbe im Katmandu-Tal, sondern auch eine Tourismusstätte, die sowohl von einheimischen, als auch auswertigen Besuchern frequentiert wird. Denn der Garten bietet die Flucht aus dem modernen Leben, hinein in eine individuell entdeckbare Welt.
Diese individuell entdeckbare Welt ist der Landschaftsarchitektur des Gartens zu verdanken, bei der die Kunst darin liegt, Freiräume zu gestalten, die wiederherum Lebensräume schaffen. Es geht in der Landschaftsarchitektur immer auch um die Gestaltung von Lebens- und Freiräumen, bei der die Entstehung sekundär zu sein scheint, denn viel wichtiger ist die anschließende Nutzung der entstanden Räume (vgl. Mertens 2010: 65). Um zu verstehen, warum der „Garden of Dreams" genau diese Balance zwischen geschaffenen Lebensraum und der Wiederspiegelung des Landschaftsbildes schafft, wird zunächst ein Blick auf das außergewöhnliche Landschaftsbild Nepals geworfen, das der Garten so treffend wiedergibt.

Zum Begriff der Architektur
Da der Begriff Architektur ein sehr vielschichtiger Begriff ist, dessen Verwendung unter verschiedenen Aspekten häufig unterschiedlich interpretiert wird, ist die Definition des Wortes genauso vielseitig. (Vgl. Reinisch 2004: 12) Eine sehr allgemeine Definition für Architektur ist die Folgende: „Architektur könnte als allgemeinster Begriff rein phänomenologisch nur auf Dinge oder Werke bezogen werden. Dieser sieht nur die Gestalt als Resultat eines nicht weiter zu erforschenden Vorganges ihrer Entstehung." (Reinsich 2004: 15) Möchte man eine weniger allgemeine Definition für den Begriff Architektur, so kann man ihn durch das Synonym Baukunst ersetzten. (Vgl. Duden online 2012)

Nimmt man nun diesen Begriff Baukunst, der sich der Konstruktionsprinzipien naturwissenschaftlicher Art und bildender Kunst bedient, so hieße das, dass Architektur erschaffene, also erbaute Kunst ist. Verwendet man nun diese Erkenntnis im Zusammenhang mit der vorhergehenden Aussage, so könnte man also sagen, dass es nur um das, für das Auge, ersichtliche geht, quasi das daraus entstehende bauliche Resultat. (Vgl. Wall 1996: 8)
> *Die Landschaftsarchitektur beschäftigt sich nicht allein mit der zu gestaltenden zweidimensionalen Erdoberfläche, sie betrachtet und plant gleichermaßen den menschlichen und ökologischen Lebensraum, die dreidimensionale Lebenswelt. Die*

nutzt als Fachausdruck neben den Begriff der Freifläche, zum Teil auch synonym, den Begriff des Freiraums, verstanden als nutzbarer Raum im Freien ohne Bebauung im engeren Sinn. Damit bezieht sie zugleich die räumliche Wahrnehmung der Menschen, der späteren Nutzer als wichtiges Kriterium in die Planung ein.
(Mertens 2010: 65)

Diese Aussage, würde also bedeuten, dass es bei der Thematik Landschaftsarchitektur, um die Gestaltung von Freiräumen geht, welche wiederrum Lebensräume schaffen. Wenn man nun die Definition von Mertens mit der allgemein gehaltenen Definition von Architektur von Reinisch vergleicht, so wird klar, dass es sich bei der Landschaftsarchitektur auch immer um Gestaltung von Lebens- und Freiräumen handelt, deren Entstehung eher sekundär zu sein scheint. Viel wichtiger ist die anschließende Nutzung. (Vgl. Mertens 2010: 65)

Das Dach der Welt

Geographisch gesehen liegt das ehemalige nepalesische Königreich zwischen Indien und China. Es grenzt im Süd-Westen an Indien, im Norden an Tibet, das zu China gehört und im Osten an Sikkim. Sikkim gehört wiederum zu Indien. Das Land Nepal, befindet sich laut geographischen Messdaten auf dem 26. und 31. nördlichen Bereitengrad, sowie dem 80. und 88. östlichen Längengrad und ist ein Binnenstaat im Norden des indischen Subkontinents. Mit einer Gesamtfläche von ca. 147.000 km², entspricht die Größe Nepals ungefähr der Fläche Österreichs und der Schweiz. Wenn Nepal nun topographisch unterteilt wird, so gliedert es sich von Süden nach Norden in das Flachland, das Terai, welches ein schmales Wald- und Agrargebiet ist, das Mittelland, sowie das Himalaya-Gebiet (vgl. Cerny 1995: 18). Das Mittelland ist ein fast ebener Bereich im Katmandu-Becken zwischen den Bergketten und Gebirgszügen, der auf Grund seiner Fruchtbarkeit und guten Wasserversorgung, sowohl ein politisches, als auch ökologisches Zentrum darstellt (vgl. Kollmair 1999: 25). Das Himalaya Gebiet entspricht rund 65% der Gesamtfläche Nepals und befindet sich nördlich des Mittellandes. Das Landschaftsbild dort ist von Granit, Gneis und Schnee bestimmt und acht von zehn der höchsten Berge der Welt prägen das Panorama (vgl. Cerny 1995: 21). Im Schatten dieser Bergkolosse bildet sich der Lebensraum für mehr als 100 Millionen Menschen. Zwischen den höchsten Bergen der Welt, dem Mount Everest und dem Nanga Parbat, befinden sich Täler und Terrassenlandschaften, die das Landschaftsbild dieses Landes mit unter prägen (vgl. EcoHimal 2012: onl.)

Als eine der Hauptattraktionen Nepals wird die Landschaftsarchitektur des Landes angesehen. Sie ist gekennzeichnet von einer Vielzahl an Tempeln, Fresken, Skulpturen und Schnitzereien aus der Malla-Dynastie. Die Ballungsräume Katmandu, Patan und Bhaktapur zeigen heute noch Bruchteile dieser vergangen Dynastie. Erahnt werden kann der einstige Reichtum des Katmandu-Tals heute an der erhaltenen Architektur, auch wenn eine Vielzahl der architektonisch wertvollen Bauten mit der Zeit weichen musste. Der Rückgang dieser prägenden Architektur liegt mit Sicherheit auch an den verwendeten Materialien, die dem Zahn der Zeit zum Opfer fielen. Aber auch die Geschichte hat ihre Spuren hinterlassen, darunter die Vernichtungsfeldzüge des bengalischen Heers im 14. Jahrhundert, die Feldzüge der Gurkha-Heere, die Vernachlässigung während die Shaha-Dynastie, und natürlich die großen Erdbeben von 1833 und 1934 bei denen große Teile der Architektur unwiederbringlich zerstört wurden.
Das Mittelland Nepals wurde und wird bis heute von der charakteristischen Newarbauweise geprägt. Diese Bauten bestehen aus gebrannten oder luftgetrockneten roten Backsteinen

und Holzkonstruktionen. Zu den ältesten Bauwerken Nepals zählen die Stupas, die im ganzen Land zu finden sind, die wie die Pagode, der Vihara- und der Shikara-Tempel zu den Sakralbauten gehören. (vgl. Cerny 1995: 118).

Zur Landesarchitektur zählt nicht nur die Architektur der Gebäude, sondern auch die Architektur der Gärten, Felder und Terrassengärten. Zudem gibt es eine Vielzahl landwirtschaftlich genutzter Gärten und Felder, wie die der terrassenartigen abgegrenzten Gemüse- und Getreidegärten, bzw. Felder. Die Terrassenlandschaft befindet sich in den niederen montanen Stufen. Dort wird die natürliche Vegetation durch die terrassenartigen Felder ersetzt (vgl. Apel/Rüppel 1998: 79).

Die Flora Nepals

Die Flora Nepals kann, mit ihrem Pflanzenvorkommen, im Groben in drei Zonen unterteilt werden. Die Terai-Zone bis ungefähr 1000 Meter, die Pahar-Zone von 1000 bis 3000 Meter Höhe, sowie die Himalaya-Zone die bis weit über 3000 Meter reicht (vgl. Frank 1974:53).

In der Tiefebene, die sich in der Terai-Zone befindet, wachsen die Nutzpflanzen des Landes, wie der überlebenswichtige Reis, Weizen oder Baumwolle, aber auch die Tropenhölzer, Bambusarten und Salbäume, die für Bauten verwendet wurden. In der Mittleren Zone, der Pahar-Zone gibt es Laubwälder mit Eiche, Ahron und anderen Bäumen, die auch in europäischen Gefilden anzutreffen sind. In der Himalaya-Zone bis 4000 Meter Höhe, finden sich Nadelwälder, Wacholder und Rhododendron. Der Rhododendron selbst ist die Landespflanze, er wächst in allen Höhenlagen des Landes. Bis 4500 Meter kann noch Kartoffelanbau betrieben werden. Diese kohlenhydrathaltige Erdfrucht wird vor allem von den Bevölkerungsgruppen die im Hochland leben, den Sherpas, als Hauptnahrungsmittel konsumiert. Weidegebiete sind bis zu einer Höhe von 5000 Meter auffindbar, Blütenpflanzen sogar bis zu 1000 Meter darüber (vgl. Frank 1974: 53).

Die außerordentliche Vielfalt der nepalesischen Flora ist gewaltig: In Nepal gibt es rund 7.000 Gefäßblumen, von denen 252 heimisch sind. Mehr als 75 Vegetationstypen verteilen sich über die gesamte Fläche Nepals. 700 Arten von medizinischen Pflanzen sind in der Wildnis Nepals zu finden und die Mehrheit dieser wird in den volkstümlichen Pflanzenheilmitteln verwendet. Jährlich werden über 15.000 Tonnen medizinisch nutzbarer Kräuter und Pflanzen in der Wildnis geerntet. Diese werden dann für kommerzielle und industrielle Zwecke verwendet. Darum ist es unter anderem wichtig, die Artenvielfalt zu schützen und den Nepalesen die Schönheit seiner Natur näher zu bringen (vgl. Bodeker et al. 1997: 78).

DAS WELTKULTURERBE NEPALS

Die Listung der Weltkulturerbestätten umfasst, laut UNESCO 981 Denkmäler aus 160 Ländern. Diese Denkmäler werden kategorisch in Kultur- und Naturdenkmäler unterschieden. Die Mehrheit dieser kulturellen Andenken sind der Liste zu folge Kulturdenkmäler. 759 Kulturdenkmäler stehen derzeit unter dem Schirm der UNESCO, sowie 193 Naturdenkmäler und 29 Denkmäler, die sowohl Kultur- als auch Naturerbe darstellen. Zudem gibt es Kulturstätten, die die UNESCO gesondert einstuft. Diese besonderen Welterbestätten sind grenzüberschreitend, das heißt sie verlaufen nicht innerhalb einer Landesgrenze. Da einige Stätten des Weltkulturerbes besonders in ihrem Erhalt gefährdet sind, gibt es zu dem eine Aufstellung des Welterbe-Komitees, die sogenannte „Rote Liste", die die bedrohten Denkmäler beinhaltet (vgl. UNESCO 2014: onl.). Derzeit zählt noch keines der Denkmäler Nepals zu dieser „Roten Liste", obgleich die vier Denkmäler Nepals unter starken Einflüssen der Umwelt leiden. Nach der aktuellsten Listung der UNESCO gehören zu den kulturellen Weltkulturerbestätten das Katmandu-Tal und Lumbini, der Geburtsort Buddhas. Diese beiden Stätten sind Ballungsorte und Pilgerstätten, die jedes Jahr eine Vielzahl von Menschen empfangen. Zu den Naturdenkmälern zählen zwei National Parks, der Sagarmatha National Park, der zum Mount Everest gehört und der königliche Chitwan National Park. Chronologisch betrachtet wurde 1979 als erstes Kulturdenkmal das Katmandu-Tal in die Weltkulturerbeliste aufgenommen, im gleichen Jahr wurde zudem der Nationalpark Sagarmatha, als Naturdenkmal gelistet. 1984 kam der königliche Nationalpark Chitwan auf die Liste der Naturdenkmäler und 1997 beschloss die UNESCO den Ort Lumbini, der als Pilgerstätte bekannt ist, zum Kulturdenkmal des Welterbes zu ernennen (vgl. UNESCO 2012: onl.).

Diese Orte zeigen das Landschaftbild Nepals, in dem jede Stätte für sich architektonische und landschaftliche Attribute des Landes wiederspiegelt und es schafft durch die Geschichte hindurch zu bestehen. Im nächsten Abschnitt soll nun das Förderprojekt um den „Garden of Dreams" dargestellt werden, um einen weiteren Ort Nepals zu skizzieren, in dem Landschaft auf die Kultur des Landes trifft.

DER „GARDEN OF DREAMS"

Feldmarschall Keshar Shumsher Jugn Bahadar Rana (1892-1964) hatte eine Vision eines Gartens, der eine Oase der Ruhe und ein Zufluchtsort in der belebten Stadt Katmandu werden sollte. Der Keshar Mahal Garden, oder „Garden of Dreams" wie er auch genannt wird, befindet sich gegenüber dem königlichen Palast, der am Anfang des touristischen Thamelbezirk liegt. Dieser Garten lag über Jahrzehnte hinweg vernachlässigt hinter den Begrenzungsmauern. Gewidmet wurde der Garten, der nicht nur ein Ort der Ruhe, sondern auch ein Lustgarten war, den sechs Jahreszeiten Nepals. (Vgl. Garden of Dreams 2012 a: onl.)

Keshar Shumsher, der Erbauer des Gartens, war ein weitgereister Mann, der eine außerordentliche Sammlung an botanischer und architektonischer Literatur vorweisen sein eigen nennen konnte. Während seiner Studien entwickelte Keshar Shumsher eine Affinität für den österreichischen Kaiser Franz Josef I und ließ, als Zeichen seiner Verehrung, seinen Namen von Keshar in Kaiser ändern. (Vgl. Kohlbacher 2007: Anhang A) Überlieferungen besagen, dass Kaiser Shumsher als Diplomat und Militarist hohe Positionen in der Regierung inne hielt. Seine Freizeit gestaltete er mit dem Sammeln von Literatur über Architektur und Botanik. Diese für damalige Zeit umfassende Sammlung an Werken war in der Bibliothek des Keshar Mahal untergebracht und wurde durch Zukäufe aus der gesamten Welt stetig erweitert. (Vgl. Lessmann 2002: 6) Der Palast Keshar Mahal wurde 1895 unter Premierminister und Maharadscha Chandra Shumsher mit Hilfe des Hofarchitekten Kishwor Narsingh erbaut. Anlässlich der Hochzeit von Prinzessin Tara Rajya Laxmi, Devi, der Schwester des Königs und Kaiser Shumshers, seinem Sohn, schenke Mahradscha Chandra Shumsher Kaiser Shumsher den Palast. (Vgl. Kohlbacher 2007: Anhang A)

Dieser dritte Sohn, Kaiser Shumsher, gestaltete das Bild des heutigen Gartens in den 1920er-Jahren. Als Vorlage dafür nahm er die europäischen Gärten, vor allem jedoch die Englischen. Der „Keshar Mahal Garden Of Six Seasons", auch einer der zahlreichen Namen des Gartens, beherbergte damals Pflanzen aus Australien, Europa und Nepal. (Vgl. Stein 2009: 21)

Wie man von Phinjo Sherpa, Mitglied des Verwaltungsrats des Gartens und der Organisation EcoHimal erfährt, gewann Kaiser Shumsher beim Glückspiel, anlässlich des Laxmi-Festes, eine für die damalige Zeit beträchtliche Summe an Rupien, als er gegen den König ein Spiel gewann. Eben diese erspielte Summe investierte Kaiser Shumsher in die Erbauung des Gartens, der nach seinen Vorstellungen mit Hilfe Kishwor Narsigh, dem Hofarchitekten, entworfen wurde. (Vgl. Sherpa 2012: Interview) 1934 erschütterte ein Erdbeben den Garten. In dieser Zeit wurde der Garten an sich nicht weiter beschädigt, lediglich die Steinplatte, in welche Verse von Omar Khayyam Rubaijats berühmten Gedichts „The Rubaiyat" eingemeißelt sind, zeigt heute noch Spuren der Erschütterung. (Vgl. Luger 2012: Anhang E) Nach dem Tod des Kaisers 1964, gingen der Garten, die Bibliothek und der dazugehörige Palast 1968 an die Regierung über. Sieben Jahre später übersiedelte das Bildungs-, bzw. Erziehungs- und Sportministerium in den Palst, nachdem das Zentralregierungsgebäude Singha Dubar ausbrannte. Auf Grund der Bildungs- und Entwicklungslage des Landes, sah sich das Ministerium gezwungen die Gelder in Schulen und Förderungen zu investieren. Darunter litt der Garten über Jahre hinweg. (Vgl. Kohlbacher 2007: Anhang A) Durch den Bauboom, der die darauf folgenden Jahre ausbrechen sollte, gingen einige Teile des Gartens verloren. Der Tourismusstadtteil Thamel wurde ausgeweitet. Dieser Erweiterung fielen der Ententeich, der wie es aus Überlieferungen heißt, um ca. 500 Enten erfasste und das Rotunde zum Opfer. (Vgl. Lessmann 2002: 6)

Doch nicht nur der Tourismus war für das Schrumpfen des Gartens verantwortlich. Wie Herr Phinjo Sherpa, bei einer Führung durch den Garten erzählte, wurden einige Teile des Gartens aus Geldmangel mit der Zeit abgetreten und mussten Straßen und Häusern weichen, was dazu führte, dass der Garten heute nur noch 1/3 seiner ursprünglichen Größe umfasst. Dazu kommt, dass heute auf Grund der Grundflächenveränderung des Gartens, drei der sechs Pavillons nicht mehr erhalten sind. Auch ließ Phinjo Sherpa verlauten, dass der Bestand der Bibliothek nicht mehr alle Originale Kaiser Shumshers umfasst. (Vgl. Sherpa 2012: Interview) Einige der originalen Bücher aus der Sammlung gingen mit der Zeit verloren, was die Rekonstruktion und die Rückverfolgung der Ideen des Kaisers schwieriger gestaltete, als es daran ging, den bereits über Jahrzehnte hinweg verwilderten Garten wieder aufzubauen. (Vgl. Garden of Dreams2012: onl.)

1998 nahmen sich EcoHimal, eine österreichische Nichtregierungsorganisation (NGO), in Zusammenarbeit mit Dipl.-Ing. Prof. Götz Hagmüller unter Projektleitung von Herrn Dr. Kurt Luger nach eingehenden Studien dem Projekt des Wiederaufbaus an. Grund dafür war eine Machbarkeitsstudie im Jahr 1998, welche ergab, dass in der Weltkulturerbe-Stadt Katmandu einige Gebäude und Komplexe bestehen, so auch der „Garden of Derams", die nachhaltig und gewinnbringend ausgebaut werden könnten und sich somit positiv auf die Lebensqualität der Stadtbewohner, aber auch auf den Tourismus auswirken würde. (Vgl. Final Report 2007: 2)
Unter dem Projektnamen „Keshar Mahal Garden of Dreams" startete das Projekt offiziell am 1. Januar 2001. (Vgl. Final Report 2007: 1) Die erste Phase endete im Februar 2005 durch die Unterzeichnung des „Clarification of Project Agreement" der Regierungen von Österreich und Nepal. Die zweite Projektphase, die noch einmal drei Jahre andauern sollte begann mit Februar 2005. Laut Final Report konnten in dieser Phase fast alle institutionellen und physischen Projektziele umgesetzt werden. (Vgl. Final Report 2007: 2)

Das erste Mal für die Öffentlichkeit zugänglich wurde der Garten im Oktober des Jahres 2006. Im darauf folgenden Jahr, am 31. Dezember 2007, wurde er der Obhut des

Verwaltungsrats des Gartens, dem Board of Directors, übergeben. (Vgl. Final Report 2007:3) Laut Phinjo Sherpa, der die eine verbleibende Stimme EcoHimals im Verwaltungsrat inne hält, ist der Garten seit nunmehr 3 Jahren profitabel und dient nicht nur als Ort der Ruhe, sondern wird auch für Eventzwecke vermietet. (Vgl. Sherpa 2012: Interview)

Kurzbeschreibung Projekt

Ziel des Projektes war die Wiederherstellung, sowie die Wiedereingliederung der Parkanlagen und der übriggebliebenen Pavillons in das Stadtbild Katmandus. Unterstützt wird die Organisation EcoHimal, die die Projektleitung inne hält seiner Zeit durch die österreichische Regierung, vor allem in finanzieller Hinsicht, und dem Bildungsministerium Nepals. (Vgl. Final Report 2007:1)

Da die Grünanlage dem Verfall ausgesetzt war und eine der wenigen Zufluchtsorte des städtischen Lebens bildet, wurden die Renovierungsarbeiten neben dem Erhalt des historischen Komplexes auch das Ziel formuliert, die Grünanlage sowohl Einheimischen, als auch Touristen zur Erholung zugänglich zu mache. Eine langfristige wirtschaftliche Basis wurde durch die Erschließung der Pavillons, zum Zweck der Gastbewirtung, geschaffen. Die Einnahmen dieser Verpachtung dienen dem Selbsterhalt des "Keshar Mahal Garden of Dreams". Zudem förderten die Renovierungsarbeiten die Ausbildung von Arbeitern, Gärtnern, Landschaftsgestaltern und einheimischen Architekten, die aktiv am Wiederaufbau mitwirkten. (Vgl. Final Report 2007: 2)

Die Organisation EcoHimal ist, eine Organisation die nicht von der Regierung geleitet wird. Büros dieser Organisation finden sich in Salzburg (Hauptsitz) und in Katmandu (Schwesterorganisation). Ziel seit 1992 ist es, die Lebensbedingungen der lokalen Bevölkerung der Region des Himalayas nachhaltig zu verbessern. Erzielt werden soll dies durch Zusammenarbeit mit Basisinitiativen und Dorfgemeinschaften. Unterstützung durch Finanzierung erhält EcoHimal durch österreichische und Schweizer Entwicklungszusammenarbeit, sowie durch Privatspenden und Sponsoren. Bei den regionalen Entwicklungsprojekten ist EcoHimal wichtig, dass die Umsetzung der ökologischen, ökonomischen, sozialen und kulturellen Ziele in Zusammenarbeit mit den Einheimischen passiert. Denn Entwicklungsarbeit soll sowohl der Natur, als auch den Menschen dienen und Armut vermeiden, sowie den Schutz der Artenvielfalt gewährleisten (vgl. EcoHimal 2012: onl.).

Im Folgenden wird daher ein Bruchteil des Umfassenden Projekts „Garden of Dreams" mit seinen einzelnen Projektzielen dargestellt.

Finanzierung des Projekts

Geplant wurde das Projekt in zwei Phasen In Phase 1 wurden 1.230.432,30 Euro budgetiert. Ausgeglichene Posten betrugen 122.4.657.15 Euro und die offenstehenden Beträge betrugen 5775,15 Euro. Die zweite Phase wurde mit 674.896 Euro veranschlagt. Davon wurden 606.417,83 Euro als ausgeglichene Posten verbucht und zur Überprüfung eingereicht wurde der Betrag von 66.017,71 Euro. Offene Beträge der zweiten Phase betrugen bei Abschluss des Projekts 2007 2460,46 Euro (vgl. Final Report 2007: 1). Basierend auf vier Einkommensquellen wird anschließend die wirtschaftliche Stabilität aufgebaut. Zum einen gibt es die Eintrittserlöse. Weiter bezieht der „Graden of Dreams" Einnahmen durch Vermietung der gastronomischen Räumlichkeiten, Mieteinnahmen von Veranstaltungen sowie der vierten Einkommensquelle, den Firmenunterstützungen (Sponsoring). Mit diesen Einnahmen, soll am Ende der Projektübergabe sichergestellt werden, dass die Ausgaben als bald möglich gedeckt werden. Es werden bereits zwischen Oktober 2006 und Dezember 2007 rund 31.000 Eintrittskarten verkauft. Außerdem sieht der Plan vor, dass die qualifizierten und eigens trainierten Angestellten auf Langzeitbasis beschäftigt werden sollen, um sowohl die Qualität der Dienstleistung, als auch das Weiterbestehen der Baulichkeiten und Pflanzenvielfalt zu gewährleisten (vgl. Final Report 2007: 21). Basierend auf der Aussage von Phinjo Sherpa schreibt der Garten seit Mitte 2007, Anfang 2008 schwarze Zahlen (vgl. Sherpa 2012: Interview).

Die Erhaltung der historischen Substanz

Steht der Besucher heute vor dem Haupteingang, so sieht er auf ein neues Tor. Dieses neue Tor wurde dem Stil der neo-klassischen Epoche nachempfunden, die der Architektur des Gartens entspricht. Des Weiteren wurde ein natürlicher Lärmschutz errichtet, der den Garten zu einer Oase der Stille macht. Hinzu kam im Eingangsbereich ein Ticketschalter zum Verkauf der Eintrittskarten. Im Laufe der Restaurierungsarbeiten wurden die drei verbliebenen Pavillons wieder aufgebaut. Geht der Besucher weiter durch den Garten, so kommt dieser zu dem sogenannten „versteckten Garten". Dieser wurde neu aufgebaut und ist ein kleiner ruhig gelegener Platz, der Ausblick von der Terrasse bietet. Erhalten wollte EcoHimal, neben anderen Bauten, auch die Statue der Götting Laxmi. Diese wurde von einem englischen Skulpteur mit Unterstützung der britischen Botschaft wiederhergestellt. In das Gesamtbild des Gartens fügt sich nun auch ein neuer Veranstaltungsbereich ein. Der historische Rotunde-Bau, der sich im untergegangen Teil des Gartens befindet, wurde am Ende der westlichen Längsachse rekonstruiert. Des Weiteren ergänzt das Gesamtbild ein kleines Amphitheater. Der von ihm abgehende Hang ist eine Grünfläche, die als Liegewiese genutzt werden kann. Diese wiederum ist von der anderen Seite durch die im Halbkreis angeordnete Treppen erreichbar. Steht der Gast nun auf den Treppen, die zum Torborgen führen, so sieht dieser auf den rechteckig angelegten Brunnen und dem hinter ihm thronenden Basanta Pavillon. Die Rotunde wird heute für Veranstaltungen genutzt. Das Amphitheater mit der davor liegenden Grünfläche, ist Schauplatz für Events. (vgl. Final Report 2007:13 ff)
Wie Phinjo Sherpa verlauten lässt, wurde dabei von Beginn an darauf geachtet, dass die Qualität der Veranstaltungen hoch ist, denn das Komitee wollte und will den Garten nicht mit Massenaufläufen zerstören, sondern möglichst umweltbewusst selbigen erhalten und den Besuchern eine außergewöhnliche Pflanzenvielfalt zugänglich machen. (vgl. Sherpa 2012: Interview).

Ein weiteres Projektziel war der Ausbau von Infrastruktur, wie z.B. Elektrizität und Wasserversorgung. Dabei sollte diese so gestaltet werden, dass diese dem Gesamtbild des „Garden of Dreams" nicht schaden würde. Darunter fiel auch die Ausleuchtung des Gartens, die ihn zu späten Stunden in ein der Abendruhe angemessenes Licht rückt (vgl. Final Report 2007: 15 f).
In der Letzten Phase der Umsetzung der Ziele ging es darum, den Garten an die Öffentlichkeit zu tragen. Mit diesem Ziel wurden noch einmal drei der Mitarbeiter speziell dafür trainiert, Gartentouren zu geben. Der Fokus dieses letzten Trainings für die Mitarbeiter lag auf der Botanik und der Geschichte der Rana Ära, denn der Besucher soll über die verschiedenen Aspekte des Gartens umfassend informiert werden (vgl. Final Report 2007:18).
Eine Maßnahme zur Besucherakquise ist damals die Einführung von Mitgliedschaften bzw. Jahreskarten. Diese sind nicht das lukrativste Geschäft des Gartens, werden aber zusätzlich

angeboten, auch weil der Garten dadurch durchaus öfter besucht wird und Einheimische den neu belebten Lebens- und Freizeitraum annehmen (vgl. Sherpa 2012: Interview).

DER „GRADEN OF DREAMS" HEUTE

Der Verwaltungsrat des Gartens besteht heute aus sieben Personen, sechs Mitgliedern und dem Vorsitzenden, Herrn Shankar Prasad Pandey, der zudem der Sekretär des Bildungsministeriums ist. Weiterhin mit einer Stimme im Verwaltungsrat vertreten bleibt EcoHimal, diese Bestimmung wurde vor der Übergabe festgelegt. Die Stimme von EcoHimal im Verwaltungsrat ist Herr Phinjo Sherpa, der Country Director bei EcoHimal ist (vgl. Garden of Dreams 2012 b: onl.).

Wir vorhergehend bereits erwähnt, bietet sich der Garten für Veranstaltungen, Konzerte und Events an. Vertraut man Phinjo Sherpa so treten seit der Eröffnung jährlich zahlreiche Firmen und Veranstaltungsplaner an den Verwaltungsrat heran, um den Garten nicht nur für Events, sondern auch für Film und Fotoaufnahmen zu buchen (vgl. Sherpa 2012: Interview). Im Laufe der Zeit wurde der „Garden of Dreams" eine Bühne für sorgfältig ausgewählte private und öffentliche Veranstaltungen. Nicht nur, dass sich hierdurch eine weitere lukrative Einnahmequelle eröffnet, es war und ist eine wertvolle Bewerbung des Garten. Um die Regulierung der Events zu gewährleisten wurden noch während der Projektlaufzeit Richtlinien eingeführt, die im „Memorandum of Understanding" zwischen dem Verwaltungsausschuss und dem Projektmanagement im Juli 2005 vereinbart und unterzeichnet wurden (vgl. Final Report 2007: 20).

Die Dwarikas Hotelgruppe, die ein fünf Sterne Haus in Katmandu führt, ist eine der angesehensten und luxuriösesten etablierten Tourismusunternehmen des Landes. Unter der Führung von Dwarikas wurde das Restaurant, nach der Beendigung des Projekts im Februar 2008 eröffnet und wirft einen monatlichen Mieterlös von 160.000 Rs. ab (vgl. Final Report 2007: 21). Laut Phinjo Sherpa wird alle drei Jahre neu beschlossen, wer die Lokalitäten weiter betreiben darf, sodass der Standard des kulinarischen Angebots gewährleistet bleibt (vgl. Sherpa 2012: Interview).

Eine Besonderheit ist die Ummauerung des Gartens. Die Seite des „Garden of Dreams" die straßenseitig gelegen ist, wurde mit einer Art natürlichen Schallschutz versehen. Eine doppelte Wand trennt den Garten zur Außenwelt ab. Der natürliche Lärmschutz wird durch den treppenartig, mit niedriger Steigung verlaufenen Wasserverlauf zwischen den beiden Wänden gewährleistet. Das heißt das Wasser rinnt in einem niedrigen Gefälle zwischen den Mauern in ein kleines Becken. Diese Wasser-Wand-Konstruktion bildet einen natürlichen Lärmschutz und liefert so in der belebten lauten Stadt einen Ort der Ruhe (vgl. Final Report 2007: 13).

Die Pflanzenvielfalt

Über dreißig Jahrzehnte lang wuchsen unzählige Bäume, Sträucher und wilde Gräser in dem Garten. Diese wurden im Zuge der Wiederaufbauarbeiten größtenteils entfernt. Da die Verwilderung bereits relativ weit fortgeschritten war, konnten nur ein paar vereinzelte alte Bäume aus dem ursprünglichen Gartenbestand erhalten werden und neue Anpflanzungen mussten getätigt werden. Während der Neubepflanzung mit Blumen, Sträuchern und Bäumen wurden die meisten davon mit Tafeln gekennzeichnet. (vgl. Final Report 2007: 16). Heute können, obgleich eine Vielzahl von subtropischen Pflanzen unter dem wuchernden Unkraut verschwunden ist, über 250 verschiedene Pflanzen begutachtet werden. Diese fügen sich in ein gepflegtes Gesamtbild des neoklassizistischen Gartens ein. Da ein Großteil der ursprünglichen Pflanzen verdrängt wurde, besteht die Herausforderung darin, einige der über 100 Jahre alten Pflanzen, die teilweise aus der Mode gekommenen sind, wiederzufinden oder deren Samen aufzuspüren und dem Garten durch eine Wiederbepflanzung seinen alten und unverkennbaren Charme und seine Pflanzenvielfalt wieder zu geben(vgl. Garden of Dreams 2012 a: onl.).

Die Pavillons

Der „Garden of Dreams" hatte ursprünglich sechs Pavillons, welche den sechs Jahreszeiten Nepals gewidmet sind. Diese stammen aus der südasiatischen Kultur und repräsentieren den Frühling, den Frühsommer, den Sommer, die Zeit des Monsun, den Früherbst, den Spätherbst und den Winter. Auf Nepalesisch heißen diese Zeiten Basanta, Grishma, Barkha, Sharad, Hemanta und Shishir. Diese Jahreszeiten geben dem Garten einen weiteren Namen, nämlich „Keshar Mahal Garden Of Six Seasons" (vgl. Sherpa 2012: Interview).

Der Barkha-Pavillon wurde komplett restauriert, erhielt ein neues Lichtsystem und eine Bar. Die passendende Einrichtung zum original Sofa von Kaiser Shumsher wurde durch stählerne Elemente ergänzt und zwischen den zwei antik anmutenden Säulen eine neue Barzeile errichtet. Heute beherbergt der dem Monsunsommer gewidmete Pavillon die Bar des Kaiser-Cafés. Dem Frühsommer gewidmet, der heißen Jahreszeit Nepals, ist der Grishma-Pavillon. Durch Umbauarbeiten des Ministeriums für Bildung, bzw. Erziehung und Sport, wurde der ursprüngliche Pavillon in seinem Erscheinungsbild durch Anbauten für Büroräume verändert. Die Umbauarbeiten basierten auf Fotografien, die noch unter Kaiser Shumsher aufgenommen wurden, weshalb der Pavillon heute wie damals den Besuchern eine der zahlreichen im Garten verteilten Sitzmöglichkeiten bietet (vgl. Final Report 2007: 14). Der letzte erhaltene Pavillon ist der Basanta-Pavillon, der eine Hommage an den Frühling ist. Dieser ist der markanteste und prunkvollste der drei historischen Pavillons. In seinen restaurierten Wänden können bis zu 25 Personen Platz finden. Dieser Pavillon mit seinen Fliesen, Deckenfresken und Wandverkleidungen kann heute von den Gästen des Kaiser-Cafés genutzt werden (vgl. Final Report 2007: 15).

Die schmiedeeiserne Eingangstür

Eine der nicht gleich fürs Auge ersichtlichen Besonderheiten des Gartens ist die schmiedeeiserne Tür, durch die man in den Garten gelangt. Diese ehemalige Haupteingangstür befindet sich auf der Seite des Bildungsministeriums und der Bibliothek (vgl. Burkert 2007: onl.). Phinjo Sherpa erzählt während einer Führung, dass das schmiedeeiserne Tor ein Original ist und nur teilweise restauriert werden musste. In goldenen Buchstaben steht, wenn man vom Ministerium, das ehemaligen Gebäudes in dem Kaiser Shumsher lebte, auf das Tor sieht „Garden". Steht man im Garten, so richtet sich der Blick auf den Schriftzug „Dreams" und so ergibt sich das Sinnbild hinter dem Namen „Garden of Dreams". Hinter diesem Sinnbild stehen laut Überlieferungen der Traum Shumshers, sowie seine akribisch durchdachte Gestaltung des Gartens. Diese symbolische Verwendung der beiden Worte schafft Kaiser Shumsher seinerzeit durch die schmiedeeiserne Tür den Einblick in seine Träume. Wegweisend geht selbiger in diesem Fall durch das Tor, auf dem „Garten" zu lesen ist, hinein in den „Traum", welchen sich Keshar Shumsher erbaute (vgl. Sherpa 2012: Interview).

Die Tafel mit dem Gedicht von Omar Khayyam

Die folgenden Zeilen wurden 1859 ins Englische übersetzt, geschrieben werden sie bereits 1120 von Omar Khayyam, einem Dichter, Mathematiker und Astronom, der wenige Jahre nachdem er das Gedicht verfasst, verstirbt (vgl. Lessmann 2002: 6).

> *Ah Love! Could you and I with Him conspire, to grasp this sorry Scheme of Things entire. Would not we shatter it to bits – and then re-mould it nearer to the Heart's Desire! You rising Moon that looks for us again- how oft hereafter will she wax and wane; how often hereafter rising look for us through this same Garden—and for one in vain!* (Khayyam 1120: onl.)

Basierend auf der Übersetzung von Herrn Dr. Luger hießen diese Zeilen auf Deutsch wohl so viel wie:

> *Der Lenz vergeht die Rose welkt am Hang, das süße Buch der Jugend muss sich schließen; die Nachtigall, die in den Zweigen sang, wo kam sie her? Wer lauscht jetzt ihrem Klang? Mond meiner Lust und meines ganzen Lebens! Der Himmels Mond steigt wieder auf. Wie oft wird er im Lichte seines Strahlenwebens in unserem Garten nach mir spähn vergebens!* (Luger 2012: Anhang E)

Diese Verse, eingemeißelt in Marmor, tragen sinnbildlich für die Vergänglichkeit den Riss, den sie sich bei einem Erdbeben zugezogen haben. Immer noch steht die Steinplatte an ihrem Platz neben dem Pavillon und lässt uns, mit den Worten und den Spuren, welche die Zeit hinterlassen hat, daran erinnern, dass Schönheit vergänglich ist (vgl. Luger 2012: Anhang E). Auch wenn der „Garden of Dreams" heute wieder zum Träumen einlädt, Spuren haben die Verwilderung, das Erdbeben und der Wiederaufbau nicht nur auf der Steinplatte hinterlassen.

SCHLUSSBETRACHTUNGEN

Heute ist noch rund 1/3 des historischen Keshar-Mahal-Gartens erhalten, denn der Garten, der zu einer weitläufigen Anlage rund um den Königspalast gehörte, war in seiner ursprünglichen Form nicht mehr wieder herzustellen. Trotzdem fehlt es ihm auch heute noch immer nicht an Pracht und Besonderheit. Mit seinen Bogengängen und Grünflachen, der Blütenvielfalt, den Statuen, Pavillons und den verwinkelten Rückzugsmöglichkeiten, lädt dieser Garten zum Träumen ein.

Beim Wiederaufbau des „Garden of Dreams" wurde durch EcoHimal Entwicklungs- und Unterstützungsarbeit geleistet. Bei diesem Projekt wurde zudem der pädagogische Aspekt nicht außer Acht gelassen. Durch Schulungen konnte Katmandu nicht nur der Garten zurückgegeben werden, sondern auch qualifizierte Arbeitskräfte ausgebildet werden. In einer Stadt, die vor Schmutz und Lärm unterzugehen scheint, sind Projekte wie dieses wichtig, die die Menschen vor Ort, in diesem Fall Besucher und Gartenangestellte, für die Natur sensibilisieren. Nepal als solches kann auf einen enormen Reichtum an Pflanzen verweisen. Diese Vielfalt vom niederen und fruchtbaren Terai bis hin zu den Gipfeln des Himalayas gilt es zu schützen. Wenngleich das Projekt nicht die gesamte Bevölkerung ansprechen kann, so erreichte es in der Vergangenheit durch seine Medienpräsenz eine hohe Aufmerksamkeit und macht damit auch auf die Natur und ihren Wert aufmerksam. In diesem Fall ist nicht nur der „Garden of Dreams" ein in sich stimmiges Konzept, sondern auch das Projekt, rund um den Wiederaufbau.

In naher Zukunft wird der Garten noch einmal eine Veränderung durchleben. Das Ministerium soll gegen Ende Mai 2012 aus dem alten Herrschaftsgebäude Kaiser Shumshers ausziehen. Derzeit ist noch unklar, was mit dem Gebäude und der ältesten nepalesischen Bibliothek passieren soll. Plan des Ministeriums war es, die Bauten zu verkaufen und ein Hotel darin errichten zu lassen. Dass dies für das Ministerium die lukrativste Lösung wäre, steht außer Frage. Phinjo Shumsher und der Verwaltungsrat planen jedoch, die Gebäude an den Garten anzuschließen. Unleugbar gehört das Gebäude, mit der Bibliothek zum Garten und so soll in den nächsten Jahren diese Komponenten wieder zu einem Gesamtbild zusammen geführt werden. So plant es zumindest der Verwaltungsrat des Gartens, der auf die Einsicht des Ministeriums hofft.

BIBLIOGRAPHIE

Monographien

Apel, Jürgen / Rüppel, Heide (1998): Landschafts-Studien-Reiseführer Himalaya. Witzenhausen: LSRB-Verlag

Bachleitner, R. (Ed.). (1999). Grenzenlose Gesellschaft-grenzenloser Tourismus. Profil.

Bodeker, Gerard / Burley, Jeffrey / Bhat, K.K.S / Vantomme, Paul (1997): Medical plants for forest conservation and health care. Rom: Food and Agriculture Organization of the United Nations

Cerny, Christine (1995): Nepal: Reiseführer mit Landeskunde. Dreieich: Mai Verlag GmbH & Co. Reiseführer KG 1995

Frank, Dietmar (1974): Traumland Nepal. München: Süddeutscher Verlag GmbH

Kipling, Rudyard (1994): The Collected Poems of Rudyard Kipling. Ware: Wordsworth Editions Limited

Kollmair, Michael (1999): Futterbäume in Nepal. Traditionelles Wissen, Stellenwert in kleinbäuerlichen Betrieben und räumliche Verteilung. Münster: Lit Verlag

Mertens, Elke (2010): Landschaftsarchitektur visualisieren. Funktionen, Konzepte, Strategien: Basel Birkhäuser Verlag AG

Elektronische Medien

Burkert, Ursula (2007): Der Garten des Kaiser Mahal. Ö1 Studienreise nach Nepal. http://oe1.orf.at/artikel/211907, [Aufgerufen am 12.07.2012, 13:44]

Eco Himal (2012): Über EcoHimal. URL: http://www.ecohimal.org/ueber-ecohimal.html, [Aufgerufen am 16.07.2012 19:17]

Garden of Dreams (2012a): History of Garden of Dreams. URL: http://www.gardenofdreams.org.np/history-of-garden-of-dreams/, [Aufgerufen am 12.07.2012, 16:09]

Garden of Dreams (2012b): Board of Directors. URL: http://www.gardenofdreams.org.np/board-of-directors/, [Aufgerufen am 13.07.2012, 20:05]

Khayyam, Omar (1120): The Rubaiyat. http://classics.mit.edu/Khayyam/rubaiyat.html, [Aufgerufen am 16.07.2012, 18:59]

UNESCO: World Heritage List. URL: http://whc.unesco.org/en/list/, [Aufgerufen am 01.04.2014, 16.52]

Sonstige Quellen, zur Verfügung gestellt von Univ.Prof.Dr. Kurt Luger

Kohlbacher, A. (2007): Im Garten der Träume kann wieder geträumt werden. Eine kurze Geschichte des „Garden of Dreams".

Final Report (2007): Project 2053-00/2001-2006. Salzburg: Januar 2007

Lessmann, Robert (2002): Aufräumen im Garten der Träume. In: Der Standard. Printausgabe 09.Feb.2002: S.6

Luger, Kurt (2012): Katmandu – Welterbe und Kraftplatz. In: f17 final KTM (siehe Anhang E)

Pradhan, Anjita (2004): Long haul to Katmandu's proposed Garden of Eden. In: The Himalaya Times. Vol. III No.131, Kathmandu: 02.Apr.2004

Sherpa, Phinjo (2012): Interview und Besichtigung Garden of Dreams. Katmandu, 18.05.2012

Stein, Iris (2009): Auf Zeitreise in Kaisers Garten. In: Mitteldeutsche Zeitung. Printausgabe 13.Mrz.2009: S.21

BIODIVERSITÄT UND NACHHALTIGER BERGTOURISMUS: NEPAL TRUST FOR NATURE UND ANDERE ORGANISATIONEN

Lisa Stockinger, 2013

EINLEITUNG

Hundert göttliche Zeitalter reichen nicht aus, um alle Wunder des Himalayas zu beschreiben.

(Lobpreisung in den Puranas, hinduistische Legenden)

Aufbrechen, Neues suchen, die Welt entdecken und dabei auch sich selbst – was immer die Motive für Reisen in unbekannte und ferne Gebiete sein mögen, für keine Region trifft diese Sehnsucht wohl mehr zu als für die Bergwelt des Himalayas.

(Luger 2007: 15).

Bergsteigen als ein Gefühl von Freiheit und Einheit mit der Natur, eine atemberaubende Landschaft und seine einzigartige Kultur erleben. Doch ist diese Natur noch so vermeintlich unberührt?

Seit Nepal im Jahre 1998 die Kampagne „Visit Nepal" in Gang setzte, strömten jährlich circa 300.000 Touristen in das kleine Bergkönigreich. Die Götter, Dämonen und die verschmutzten Straßen Katmandus stehen dabei am Tor zu einem unvergesslichen Urlaub im Himalaya (Vgl. East et al. 1998: 1). Heute sind es bereits 500.000 Touristen, wobei die meisten aus dem benachbarten Indien anreisen (Vgl. Mc Connachie/Reed 2010: 94). Während Nepal und seine einzigartige Natur und Kultur immer beliebter wird, bringt der Strom an Touristen auch einiges an Problemen mit sich. Touristen dringen in den Lebensraum einzigartiger Pflanzen, Tierarten und in den Kulturraum der dort ansässigen Menschen ein. Auch die Tatsache, dass das Himalaya Gebirge schon lange als Quelle für spirituelle Inspirationen der Menschheit dient, verstärkt die Notwendigkeit dieses einzigartige kulturelle Erbe zu schützen, um auch der zukünftigen Trekkergeneration ein solch unvergessliches Erlebnis zu bescheren (Vgl. East et al. 1998: 15).

Betrachtet man die Trekking Situation im Himalaya näher, so lässt sich herausfiltern, dass sich die Bergsteiger Saison auf vier Monate im Jahr beschränkt. Zwei Hauptrouten sind dabei die beliebtesten: Die Gegend rund um die Annapurna Gruppe und das Gebiet weiter hinauf bis zum Mount Everest Basislager im Sagarmatha Nationalpark. Allein das Annapurna-Gebiet verzeichnet jährlich rund 50 000 Wanderer aus aller Welt. Zudem besuchen circa 25 000 Trekker jährlich den Khumbu-Korridor Richtung Mount Everest-Basislager, der somit zum zweitwichtigsten Trekkinggebiet im Himalaya gehört (Vgl. Luger 2007: 73.) Wo liegt nun genau das Problem? „Tütensuppenreste und Getränkedosen liegen auf dem Mount Everest. Der Himalaya-Tourismus hat Folgen – nicht nur für die Natur. Auch das Volk der Sherpa verändert sich." (Zeit 29.04.2011, online). Diese Aussage, erschienen im online Magazin der Zeit, bringt die Vielschichtigkeit des Problems in der dortigen Bergregion auf den Punkt. Zum einen ist die Natur durch zunehmende Vermüllung erheblich bedroht, zum anderen greifen die Touristen auch in die Kultur der Bergvölker, vor allem in die der Sherpas ein. Da der Tourismus aber auch einen wichtigen Wirtschaftszweig für das Land darstellt, gilt es, einen gerechten Ausgleich für Natur und Mensch zu schaffen. Der Begriff Nachhaltigkeit spielt dabei eine wichtige Rolle. Die folgende Arbeit beschäftigt sich mit den Gefahren und Chancen des Bergtourismus im Himalaya und verschiedenen

Organisationen, die es sich zur Aufgabe gemacht haben dieses komplexe Thema anzugehen.

NACHHALTIGE ENTWICKLUNG UND BIODIVERSITÄT

Da Wirtschaftswachstum und -Entwicklung ein nachhaltiges Konzept erfordern, werden zum besseren Verständnis zunächst die allgemeinen Begriffe „Nachhaltige Entwicklung", „Nachhaltiger Tourismus" und „Biodiversität" erklärt.

Nachhaltige Entwicklung bezeichnet einen Prozess gesellschaftlicher Veränderung. Der Begriff Nachhaltigkeit ist dabei das Ende dieses Prozesses, der einen Zustand beschreiben soll, eine Umsteuerung, welche die Lebensbedingungen heutiger und künftiger Generationen in Hinblick auf soziale, wirtschaftliche und natürliche Grundlagen nicht gefährdet. Nachhaltige Entwicklung umfasst dabei nicht nur eine rein wissenschaftliche Sichtweise, sondern auch die gesellschaftspolitische Betrachtungsweise. In ethischer Hinsicht lässt sich diese von zwei Seiten betrachten: zum einen das Verantwortungsbewusstsein für zukünftige Generationen, zum anderen geht es aber auch um Gerechtigkeitsgedanken (Verteilungsgerechtigkeit) gegenüber den in der heutigen Zeit lebenden Menschen. Auf politischer Ebene wird versucht hierfür verschiedene Kriterien, Leitlinien und Umsetzungsstrategien festzulegen. In der Wirtschaft hat nachhaltige Entwicklung ebenfalls Einzug gehalten, was sich in verschiedenen Strategien und Geschäftsmodellen bemerkbar macht (Vgl. Grünwald/Kopfmüller 2006: 1).

Nachhaltige Entwicklung ist dann gegeben, wenn „die Bedürfnisse der Gegenwart befriedigt sind, ohne zu riskieren, dass künftige Generationen ihre eigenen Bedürfnisse nicht befriedigen können" (Hauff 1987: 46). Nachhaltiger Tourismus kann wie folgt definiert werden:

> *Sustainable Tourism is all forms of tourism development and activity which enable a long life for that cultural activity which we call tourism, involving a sequence of economic tourism products compatible with keeping in perpetuity the protected heritage resource, be it natural, cultural or built, which gives rise to tourism.* (Travis 1992: 248)

Aus dieser Definition geht hervor, dass auch ein nachhaltiger Tourismus, genau wie die nachhaltige Entwicklung verschiedene Aspekte behandeln muss.

> *Biodiversität wird definiert als die Eigenschaft von in Gruppen oder Klassen lebender Entitäten nicht einheitlich zu sein, d.h. jede Klasse von Entitäten - Gen, Zelle, Einzellerlebewesen, Art Lebensgemeinschaft, oder Ökosystem – enthält mehr als nur einen Typ.* (Janich/Gutmann/Prieß 2001: 4)

Biodiversität wird dabei als innewohnende Eigenschaft von Leben bezeichnet. Ein Leben ohne verschiedene Arten, Vielfalten ist nicht möglich. Während der Lebenszeit eines Menschen laufen in seiner bzw. ihrer Umgebung einige Veränderungen ab, die meist erst rückblickend deutlich werden. Dieser Wandel macht sich in der Ausprägung, Anzahl und Häufigkeit bei Pflanzen, Tieren und Landschaft bemerkbar. Langfristig betrachtet sterben Arten teilweise gänzlich aus. Durch Züchtung, Einschleppung und natürliche Artbildung können jedoch auch neue Arten hinzukommen. Veränderungen sind eng gekoppelt mit dem kultur-technischen Erfolg, den es seit Menschenbestehen gibt, und bilden eine wichtige

Folge daraus. Einschnitte in der Umwelt und der natürliche Artenvielfalt ist daraus folgernd eine alte Kulturbegleiterscheinung und wird dies auch in Zukunft bleiben (Vgl. Streit 2007: 9).

NEPAL – LAND UND LEUTE

Nepal hat eine Gesamtfläche von 147.000 Quadratkilometern. Dies entspricht circa einer Größe von Bayern und Österreich zusammen. Die Landschaft besteht zum großen Teil aus steilem Gebirgsterrain, weshalb es an genügend Nutzfläche für die Landwirtschaft fehlt. In Nepal leben circa 28 Millionen Menschen, mit steigender Wachstumsrate. Obwohl Nepal weltweit für seine buddhistische Gemeinde bekannt ist, war das Land lange das einzige hinduistische Königreich der Welt. Etwa 80 Prozent der Bevölkerung bekennen sich der hinduistischen Glaubensrichtung. Nach dem Ende des zehnjährigen Aufstands der Maoisten im Jahr 2006 endete auch die Herrschaft des Königs Gyanendra. Die politische Lage in Nepal ist auch heute noch als instabil zu bezeichnen.

Das jährliche durchschnittliche Pro Kopf Einkommen beträgt 470 US Dollar. Nepal liegt somit im Human Development Index der UNO von 2008 auf Platz 145 unter 153 Entwicklungsländern (Vgl. Mc Connachie/Reed 2010: 94).

Geographisch gesehen wird Nepal im Süden von Indien umschlossen und grenzt im Norden an Tibet. Das tropische Tiefland Nepals, das sogenannte Terai ist nicht höher als 300 Höhenmeter. Nach Rodung des dortigen Dschungels entstand eine landwirtschaftliche Nutzfläche, welche einen Großteil der jährlichen Ernte des Landes einbringt. An das Terai grenzt die Vorgebirgskette des Himalaya, die Silwakis. Die Berge erreichen dort eine Höhe von bis zu 3000 Metern. An die Silwakis schließt sich die Himalaya Kette, welche acht der zehn höchsten Berge der Welt beherbergt, darunter der Mount Everest. (Vgl. Mausbach 2010: 11)

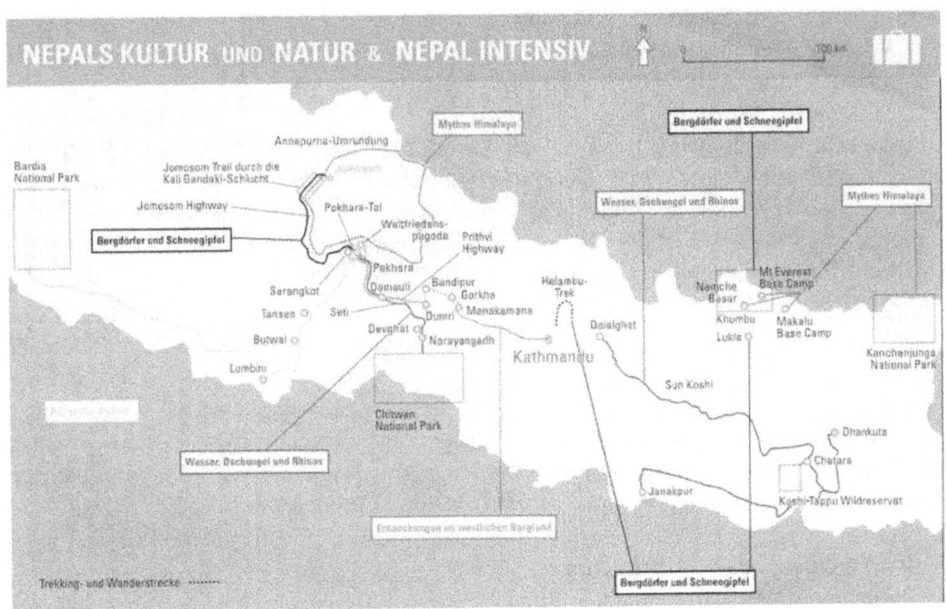

Abbildung 1: Nepals Kultur und Natur & Nepals intensiv
Quelle: MCConnachie, James/Reed, David (2010): Nepal. Stefan Loose Handbücher. Ostfildern: DuMont Reiseverlag (Seite 32)

Gefahren für die Nachhaltige Entwicklung

Um zu verstehen, weshalb gerade die Gebirgsumwelt in Nepal so sensibel ist und nachhaltige Entwicklung besonders in derartigen Gebieten ein komplexes Thema ist, wird in folgendem Absatz der Zusammenhang verschiedener wichtiger Einflussfaktoren erläutert. Ebenso gilt es im Vorfeld einige vorherrschende Mutmaßungen zu widerlegen (Vgl. East et al.1998: 33).

Spricht man von ökologischem Gleichgewicht, so kann dies laut Gurung eher als alter Mythos gesehen werden, da die Verschmutzung der Umwelt durch menschliches Eingreifen fast unvermeidlich erscheint. Dieses Eingreifen hängt mit dem Drang nach ständigem Fortschritt und zunehmender Zivilisierung zusammen. In wie weit die Umwelt dadurch belastet wird, richtet sich entsprechend danach, ob es bei diesem Fortschritt rein um das menschliche Überleben, oder um Prestigekonsum geht (Vgl. East et al.1998: 33). Das Gebirge ist ständig extremen Wetterbedingungen ausgesetzt und somit auch stark erdrutschgefährdet. Die hohe Erosion ist eine unmittelbare Folge dieses Vegetationsverlustes. Die Annahme, es gäbe eine enge Relation zwischen Abholzung und Erosion, ist dabei nicht eindeutig belegt. Die Instabilität der Bergwelt kann ebenso allein mit der Steilheit der Hänge zusammenhängen. In extremen Höhenlagen oberhalb der Baumgrenze findet Erosion statt, unabhängig von der Tatsache, dass es Vegetation gibt oder nicht. Menschliche Aktivitäten tragen zwar zur Vegetationsverringerung bei, aber der Grad der menschlichen Beeinflussung auf den Erosionsprozess scheint eher gering.
Den Einheimischen wird nachgesagt, sie seien sich der Folgen der Umweltzerstörung nicht bewusst. Der Bevölkerungszuwachs der Bergbewohner würde zu rasch voranschreiten und ihre Rodungspraktiken seien verheerend. Rodung ist jedoch die einzige Möglichkeit für die Landbevölkerung die Fruchtbarkeit des Landes zu nutzen. Um dieses Dilemma zu lösen bedarf es alternativen Energiequellen. Durch jahrelange Erfahrung haben Bergvölker fundiertes Wissen über ihre natürliche Umgebung gesammelt, welches in dieser Hinsicht durchaus genutzt werden könnte (Vgl. East et al.1998: 33f).

Die Energieversorgung der Haushalte in den Bergdörfern wird zu 90 Prozent durch Holz gedeckt. Eine Alternative hierzu wäre Dung der heimischen Yak Kühe. Für die Bauern wäre diese Nutzung jedoch wiederum Vernichtung von wertvollem Dungmaterial für die Felder.
Die Tatsache, dass viele Haushalte in den Bergregionen eine hohe Anzahl an Nutzieren besitzen, formt einen weiteren wichtigen Aspekt. Vermehrte Bodennutzung kann zu Überlastung der Weiden und letztlich auch zu Bodenerosion führen. Diese Überlastung hemmt das Nachwachsen junger Bäume, was wiederum die Aufforstung deutlich verlangsamt (Vgl. Luger 2007: 143). Es wird deutlich, dass die Einheimischen zwar durchaus zur Bedrohung der nachhaltigen Entwicklung des Landes beitragen, jedoch wohl nicht in dem Ausmaß wie allgemein angenommen. Würden den Bergvölkern wie zuvor erwähnt Alternativen zu Brennholz aufgezeigt und bereits vorhandenes altes Wissen reaktiviert werden, so kann durchaus mit einer positiven Entwicklung gerechnet werden.

Bedrohungen durch den Tourismus

Die Hemmfaktoren für eine nachhaltige Entwicklung im Himalaya Gebirge sind vielfältig. Nicht nur die Umwelt ist durch den Tourismus bedroht. Auch für Kultur und Wirtschaft stellt dieser eine gewisse Beeinträchtigung dar.

„Seit vielen Jahren gilt Rucksacktourismus als der geheime Zerstörer kultureller Werte, da er Ideen und Vorstellungen in die bereisten Länder einschleust, die wie ein Fremdkörper die dort oftmals ohnehin bereits hohen Konfliktpotentiale verstärken" (himalaya-adventure 2013: online). Diese Aussage zeigt sehr gut, dass es sich bei den Bedrohungen durch den Tourismus nicht nur um reine Umweltprobleme handelt. Genauso wichtig erscheint die Betrachtung der kulturellen Einflüsse auf die einheimische Bevölkerung durch Tourismus. In einer immer mehr nach Sinn suchenden und auf Gesundheit achtenden Gesellschaft wird die Aktivität des Wanderns und Trekken immer beliebter. Denn „Wer keinen Sinn im Leben sieht ist nicht nur unglücklich sondern kaum lebensfähig" (Albert Einstein). Aber welchen Sinn suchen wir im Wandern oder Trekken? Kritisiert wird, dass es vielen nicht mehr um den in den Trekkinggebieten lebenden Menschen und deren Kultur geht, sondern rein um sportliche Höchstleistungen. Es geht dabei um eine Art Kräftemessen, wer z.B. am schnellsten den höchsten Berg bestiegen hat. Diese Nichtbeachtung und Ignoranz gegenüber der anderen Kultur könnte einen Verlust der Identität in Trekkingländern wie Nepal zur Folge haben (Vgl. himalaya-adventure 2013: online.) Trekken, beziehungsweise Bergwandern, kann als Importprodukt der Touristen bezeichnet werden. Die Einheimischen betreiben dies jedoch nicht als Sport. Diese Verhaltensweise ist ihnen vielmehr fremd und der Reiz daran nicht nachvollziehbar (Vgl. Luger 2007: 74).

Auch die vermeintliche Spiritualität solcher Länder und gerade die des Himalaya Gebirges kann zur Verzerrung der Wirklichkeit führen. Verstärkt wird diese Verzerrung durch die Medien. „Die Medien, die großen Illusionserzeuger, beuten jeden noch so kleinen Mythos aus und verstellen damit den Blick auf das kulturelle Biotop, dessen Rhythmus und Ordnung ihnen fremd ist. Die Tourismusbranche exotisiert fremde Kulturen als Gegenwelt, damit diese als Reiseziel, als Reiz der Fremde, genügend ästhetische Faszination bekommt und gebucht wir" (Luger 2007: 72). Dieses Zitat macht deutlich, dass sowohl die Touristen, als auch die Medien ihr Verhalten weniger egoistisch betrachten sollten. Ein realistischer Blick und ein respektvolles Benehmen gegenüber den Einheimischen und deren Kultur scheinen wünschenswert.

Wirtschaftliche Einflüsse

Der Tourismus ist allerdings trotz einiger Nachteile auch ein wichtiger Wirtschaftszweig, der zur Bekämpfung der Armut beitragen kann. Neben der Teppich-und Textilproduktion ist Tourismus der drittwichtigste Einkommenslieferant Nepals. Jene Bergdörfer, in denen der Tourismus Einzug gehalten hat, sind deutlich wohlhabender, als jene ohne Tourismus (Vgl. Luger 2007: 75). Es stellen sich jedoch auch hier Probleme ein. Es stellt sich die Frage, ob wirklich alles, was mit dem Tourismus verdient wird auch in die Taschen der Einheimischen fließt. Da die Versorgung in den Bergregionen rein durch örtliche Produkte nicht möglich ist, werden beispielsweise viele Produkte in größeren Städten eingekauft. Somit bleibt die Wertschöpfung wiederum nicht in der Region. Ein noch größeres Leck verursacht jedoch das Verschwinden der Trekkinggebühren, welche meist in die Taschen von Politikern bzw. die Bürokratie gelangen (Vgl. Luger 2007: 74). Für jeden Nationalpark in Nepal, in dem Touristen wandern, müssen Eintrittsgebühren bezahlt werden, welche für das Management des Parks vorgesehen sind. Die Einnahmen sollen dabei unter anderem zum Ausbau neuer Wanderwege, neuer Beschilderungen, aber auch zur Unterstützung von Entwicklungsprojekten der ländlichen Bevölkerung verwendet werden. Befragt man allerdings Einheimische, so wird kritisiert, dass diese von den Gebühren oft wenig profitieren. Vielmehr soll deren Erhebung eine einfache Einnahmequelle der Regierung sein, um zum einen schnell an Geld zu gelangen und sich zum anderen nicht mit den eigentlichen Problemen des Landes auseinandersetzen zu müssen (Vgl. weiteweltweit 2013: online).

Als Antwort auf dieses Problem kann der in Nepal Einzug haltende Ökotourismus gesehen werden, von dem erwartet wird, auf direktem Weg zum Umweltschutz beizutragen. Als wichtiger Aspekt scheint, dass Ökotourismus ein bedeutendes Einkommen auf lokalem Niveau erzeugen kann. Bei Ökotourismus sollen die Einnahmen in jene Hände fließen, welche am meisten von den Bemühungen zum Schutze der Natur gewinnen und demnach gleichzeitig am meisten zu verlieren haben (East et al. 1998: 218). Somit kann bis zu einem gewissen Grad sichergestellt werden, dass eine Veruntreuung der Gelder wie oben beschrieben nicht stattfindet.

Einflüsse auf Natur und Biodiversität

Zwei negative Effekte wirken besonders auf die Umwelt im Himalaya ein. Zum einen die zunehmende Abholzung der Wälder, zum anderen die Umweltverschmutzung durch Müll. An diesen Einwirkungen ist zwar nicht allein der Tourismus Schuld, jedoch kann dieser die genannten Effekte erheblich verstärken. So mag die tourismusbedingte Nachfrage nach Brennholz auf den ersten Blick geringer als die der einheimischen Bevölkerung erscheinen, sie hat jedoch in Gebieten mit hohem Tourismusaufkommen verheerende Auswirkungen. Der tourismusbezogene Bedarf an Brennholz ist dort viel höher als der der einheimischen Bevölkerung. Die Höhe des Verbrauchs hängt dabei von der Art der Tätigkeit, der Länge des Aufenthaltes, der Anzahl des benötigten Personals und der Bereitschaft einen Ersatz zu Brennholz zu verwenden ab. Schätzungen zufolge liegt der jährliche durchschnittliche pro Kopf Verbrauch für Brennholz bei 138 Kilogramm. Mit insgesamt 186 Kilogramm benötigt ein Tourist, der über eine Agentur zum trekken geht, am meisten. Wichtig in diesem Zusammenhang erscheint die Tatsache, dass Waldverlust nicht nur ein unschönes Landschaftsbild abgibt, sondern dass dieser auch eine schädliche Auswirkung auf die natürlichen Habitate der dortigen Flora und Fauna haben kann (Vgl. East et al. 1998: 36). Die zunehmende Belastung der Umwelt und der alpinen Ökosysteme erfordern weiterhin den Schutz der Biodiversität. Zwar hat Nepal bereits einige Umweltabkommen unterzeichnet und diese in seine nationale Schutzstrategie inkludiert, jedoch fehlt eine kohärente Umweltpolitik. Dies macht sich dahingehend bemerkbar, dass Umweltsünden ungestraft bleiben und das Bewusstsein für die Zusammenhänge zwischen Armut und Ökologie in den Dörfern und der Ministerialbürokratie fehlen (Vgl. Luger 2007: 142).

Das anhaltende tourismusbedingte Müllproblem liegt vor allem in den bekannten Trekkinggebieten, wie dem Mount Everest Nationalpark vor.

> *Denn der Aufstieg zum höchsten Berg der Welt bedeutet auch, dass jedes Gramm Müll eine zusätzliche Belastung für die Wagemutigen ist. Wenn auf über 6000 Metern jeder Schritt mühsam wird, entledigt man sich gerne der Sauerstoff-Flaschen, der Konservendosen und der kaputten Ausrüstung. Umweltschützer schätzen, dass sich in den vergangenen Jahren mehr als 600 Tonnen Müll am Mount Everest angesammelt habe.* (planet-wissen 20.11.2012: online)

Ein ausgefeiltes Abfallsystem auf derartig hohen Lagen zu erbauen erscheint dabei als nicht gerade einfach. Deutlich wird jedoch, dass eine Veränderung der bestehenden Situation erforderlich ist.

NATIONALES COMMITMENT – NEPAL TRUST FOR NATURE CONSERVATION

Um die Ziele und Werte dieser Organisation vorab besser zu begreifen, wird folgendes Zitat der Organisation herangezogen:

> *To conserve, manage and promote nature in all its diversity balancing human needs with the environment on a sustainable basis for posterity – ensuring maximum community participation with due cognizance of the linkage between economics, environment, and ethics through a process in which people are both the principal actors and beneficiaries.* (Thapa/Timsina, 2011: innerer Klappentext)

Hier wird deutlich, dass der Nepal Trust for Nature Conservation (kurz NTNC) sehr stark auf die Hilfe zur Selbsthilfe für die einheimische Bevölkerung setzt. Den Problemen und Gefahren der Nachhaltigen Entwicklung soll hauptsächlich auf diese Weise entgegen gewirkt werden, um somit auch Einkommen auf lokalem Niveau zu schaffen.

Entstehung und Aufgaben

Gegründet wurde der Nepal Trust for Nature Conservation als eine autonome Non Profit Organisation durch einen Gesetzgebungsakt im Jahre 1982 (Vgl. Thapa/Timsina, 2011: innerer Klappentext). Beleuchtet man den Begriff Non-Profit-Organisation kurz näher, so stellt sich heraus, dass es keine einheitlich akzeptierte Definition dafür gibt. Das erklärt sich wohl vor allem durch folgende zwei Gründe: Auf der einen Seite ist der Begriff „Non-Profit-Organisation" sehr kulturell geprägt. Politiker, Wissenschaftler und Praktiker in verschiedenen Ländern verstehen den Begriff nicht einheitlich gleich beziehungsweise haben ein unterschiedliches Vorverständnis dazu (Vgl. Anheier 2005: 53). Auf der anderen Seite gibt es eine Vielzahl verschiedener Organisation, die sich unter anderem hinsichtlich Rechtsform, politischer Gesinnung, Größe, Ausmaß an Freiwilligkeit und ihres Selbstverständnisses stark unterscheiden (Vgl. Stöger/Salcher 2006: 16). „So werden unter dem Terminus in der Regel Organisationen zusammengefasst, die nicht in erster Linie erwerbswirtschaftliche Ziele verfolgen" (Springer Link 2011, online).

Seit bereits mehr als 25 Jahren arbeitet der NTNC als eine solche „Non-Profit-Organisation" und hat seitdem über 200 größere und kleine Projekte in den Bereichen Naturschutz, Biodiversität, Denkmalschutz, Ökotourismus und nachhaltiger Entwicklung unternommen. Die Erfahrungen des NTNC haben in den letzten Jahren gezeigt, dass alle Bemühungen, Veränderungen in diesen Bereichen zu erzeugen (besonders in Gebieten mit sehr niedrigem Einkommen und wenig ökonomischen Ressourcen) vergeblich sind, solange es der Allgemeinheit selbst nicht besser geht. Aus diesem Grund strebt die Organisation Projekte an, bei der die Bevölkerung selbst aktiv beteiligt ist (Vgl. NTNC: online).

Geographisch verteilen sich die Projekte des NTNC von der subtropischen Prärie Parsas, Chitwan, Bardia und Kanchanpur in den Tiefgebieten bis hin zur Annapurna und Manaslu Region im Hochgebirge des Himalayas. Dazu gehören auch die oberen Regionen von Mustang und Manang im TransHimalaya Areal. (Vgl. Thapa/Timsina, 2011: innerer Klappentext)

Folgende Projekte sind derzeit in der Umsetzungsphase des Nepal Trust for Nature Conservation:

- Das Manaslu Conservation Area Project. Manaslu liegt in der oberen Region des

- Gorkha Districts an der Grenze zu Tibet.
- Das Biodiversity Conservation Centre, welches als Forschungszentrum genutzt wird.
- Das Gaurishankar Conservation Projekt
- Das Bardia Conservation Programm
- Das Shuklaphanta Conservation Programm
- Die Betreuung des Central Zoos.
  (Vgl. Thapa/Timsina 2011: innerer Klappentext)

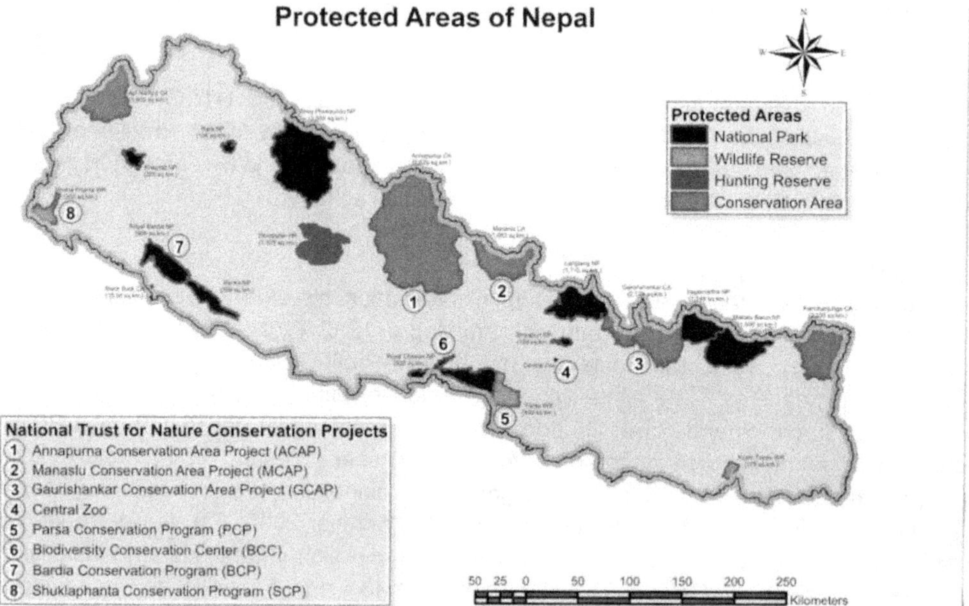

Abbildung 2: Protected Areas of Nepal
Quelle: Thapa, Jang/Timsina, Ratna Raj (2011): Annual Report 2011. Katmandu: National Trust for Nature Conservation

Zur Verdeutlichung, wie die Umsetzung erfolgt, wird im Folgenden als Beispiel ein wichtiges Projekt des NTNC näher vorgestellt.

Annapurna Conservation Area Project

Die Annapurna Conservation Area (kurz ACA) zieht sich von den hohen unbewohnten Bergregionen bis hin zu den niedriger gelegenen Tälern und Bergdörfern. Seit der Gründung wurde das Annapurna Conservation Gebiet nicht als klassischer Nationalpark genutzt. Er wurde als bewohnter, für Mehrfachzwecke genutzter Park geführt. Die erfolgreiche Gründung und Durchführung war nicht einfach und erforderte vermehrt Anstrengungen seitens der Gründer und anderer involvierter Personen. Es scheint jedoch, dass das Programm gerade deshalb erfolgreich war, weil versucht wurde institutionelle und soziale Strukturen zu vereinen. Dies war sowohl für die Bewohner der Dörfer, als auch für die Regierung spannend und neu (Vgl. Buckley 2010: 70).

Vorschläge, die Annapurna Region zum Schutzgebiet zu erklären, wurden bereits im Jahre 1971 gemacht. In der Folge wurde die Idee im Tourismus-Masterplan integriert (Vgl. Green 1993: 329). Der Tourismus-Masterplan wurde erstmals 1972 aufgesetzt und in den Jahren danach immer wieder erneuert. Der Plan sollte die Richtung zeigen, in welche der Tourismus im Land gehen sollte (Vgl. East et alt. 1998: 238). Nach einem Besuch seiner Majestät König Birendra Bir Bikram Shah Dev (dem damaligen König des Landes) in der westlichen Entwicklungsregion Nepals, wurden Richtlinien zur Integration von Naturschutz und Tourismusentwicklung festgelegt. Der Plan, das Gebiet von der privaten Organisation King Mahendra Trust for Nature Conservation (dem heutigen NTNC) leiten zu lassen, wurde 1986 von der Regierung genehmigt (Vgl. Green 1993: 329). Noch im selben Jahr bekam der NTNC die Verantwortung zugeschrieben, das Annapurna Naturschutzgebiet mit dem integrierten Annapurna Conservation Area Project (kurz ACAP) zu managen. Nachdem das Gebiet 1992 amtlich zum Naturschutzgebiet erklärt wurde, deckte auch das ACAP Programm die gesamte Naturschutzfläche mit einer Größe von 7.629 Quadratkilometern ab. Heute noch gibt es insgesamt sieben Büros, die sich um die Betreuung des Programmes kümmern. Diese befinden sich in Jomsom, Manang, Bhunjung, Sikles, Ghandruk, Lomanthang und Lwang.

Abbildung 3: Orte der Büros des NTNC
Quelle: Thapa, Jang/Timsina, Ratna Raj (2011): Annual Report 2011. Kathmandu: National Trust for Nature Conservation

Der NTNC bezeichnet die Aufgabe den Schutz der Wälder und die damit verbundene Aufgabe, die einheimische Bevölkerung in den Bereichen Naturschutz und der Nutzung alternativer Energien zu unterrichten, als erfolgreich umgesetzt. Finanziert wird das Projekt fast ausschließlich von den Eintrittsgeldern in den Nationalpark (Vgl. Thapa/Timsina 2011: 6). Da der Trust unabhängig vom Staat geführt wird, besteht die Möglichkeit höhere Eintrittsgelder als jene staatlich zentral geführte Nationalparks zu erheben und die Verwendung dafür selbst zu bestimmen (Vgl. Buckley 2010: 71).

Folgende Ziele werden laut NTNC dabei verfolgt (Vgl. Thapa/Timsina 2011: 6):
- Schutz und Aufrechterhaltung der Flora und Fauna, sowie deren natürlichen Lebensraum
- Verbesserung der Existenzgrundlage der einheimischen Bevölkerung

- Schutz des kulturellen Erbes um die Einzigartigkeit und Identität des Annapurna Nationalparks zu bewahren
- Entdeckung und Stärkung der Kapazitäten der einheimischen Bevölkerung
- Verbesserung von Kapazitäten der Verwaltungsautortäten

Folgende Programme werden zur Umsetzung durchgeführt (Vgl. Thapa/Timsina 2011: 6ff):
- Schutz natürlicher Ressourcen durch die beispielsweise kostenlose Verteilung von Setzlingen verschiedener Pflanzenarten an die Bevölkerung
- Nutzung alternativer Energien u.a. durch finanzielle Förderung von Biogasnutzung
- Naturschutzerziehung durch Unterstützung und Erbauung spezieller dazu vorgesehener Schulen
- Entwicklung einer gemeinschaftlichen Infrastruktur beispielsweise durch Errichtung von Toiletten in verschiedenen Haushalten
- Entwicklung von Landwirtschaft und Viehbestand durch die Einführung verschiedener Trainingsprogramme im Bereich Landwirtschaftstechnologien
- Gleichstellung der Geschlechter durch diverse Trainings durch die bewusste, aktive Miteinbeziehung von Frauen in verschiedene Projekte
- Verbesserung der Gesundheitsfürsorge
- Kapazitätsentwicklung
- Entwicklung eines Nachhaltigen Tourismus durch die finanzielle Unterstützung verschiedenster Tourismusorganisationen

Aus der Bemühung zur Umsetzung und Strukturierung des Programmes geht klar hervor, dass versucht wird, die Nachhaltigkeit aller Bereiche abzudecken. Als Besonderheit am ACAP Programm können die Bemühungen zur Einbeziehung der lokalen Bevölkerung in die Führung und Gestaltung des Schutzgebietes betrachtet werden. Das betroffene Gebiet ist mit einer großen Vielfalt an ethnischen Gruppen besiedelt. Die meisten von ihnen sind sehr arm und leben von der Landwirtschaft. Gerade in diesem Gebiet ist der Tourismus mit jährlich ca. 40.000 ausländischen Trekkern rapide gestiegen, weshalb die Organisation noch große Aufgaben bezüglich Nachhaltigkeit vor sich hat (Vgl. Lutz/Caldecott 1996: 74f).

EcoHimal

„Den Menschen im Himalaya langfristig bessere Lebensbedingungen zu ermöglichen, sie zu unterstützen, die Entwicklung ihrer Regionen in eigene Hände zu nehmen – das ist der Auftrag von EcoHimal" (EcoHimal, online). Auch in der Eigenbeschreibung dieser Organisation wird das Anliegen der Hilfe zur Selbsthilfe deutlich.

Die Organisation EcoHimal ist ebenso wie der Nepal Trust for Nature Conservation (NTNC) eine Nichtregierungsorganisation. Im Unterschied dazu ist EcoHimal allerdings international vernetzt und hat seinen Sitz in Salzburg, sowie eine Schwesternorganisation in Katmandu. Finanziert werden die Projekte zum einen durch private Spenden, zum anderen durch die Österreichische und Schweizer Entwicklungszusammenarbeit. Die Zielsetzung aller Projekte beinhaltet dabei ökologische, ökonomische, soziale und kulturelle Ziele. Die Umsetzung dieser soll, ähnlich wie beim NTNC, gemeinsam mit den Einheimischen, aber auch durch die Zusammenarbeit mit regionalen Entwicklungsprojekten erfolgen. Als eine große Aufgabe EcoHimals wird der Kampf gegen die Armut und der Schutz der Artenvielfalt gesehen. Dadurch soll langfristig ein verantwortungsvolles Miteinander zwischen Natur und Mensch gesichert werden. Als besonders wichtig sieht die Organisation dieses Anliegen in den Hochgebirgen der Welt, z.B. dem Himalaya Gebirge. Die Organisation hat erkannt, dass sowohl der Lebensraum der lokalen Bevölkerung mit Bedacht zu bewirtschaften ist, als auch das gefährdete Ökosystem bewahrt werden muss (Vgl. EcoHimal, online).

Aufgaben und Projekte

Neben kultureller Zusammenarbeit und Erhaltung des kulturellen Erbes, Bildungsprojekten für Straßenkindern, Gesundheitsfürsorge und Regionalentwicklung, ist die Förderung von nachhaltigem Tourismus und der Schutz der Biodiversität bei EcoHimal eine wichtige Aufgaben (Vgl. EcoHimal, online).

Durch seinen Reichtum an kulturellem Erbe und atemberaubenden Landschaften hat Nepal ein großes Potenzial für Tourismus. Deshalb sieht EcoHimal durchaus die Möglichkeit, ähnlich wie in den Alpen, durch den Tourismus Einkommen und Arbeit in entlegene Orte zu bringen. Aus diesem Grund unterstützt die Organisation einen Tourismus, welcher zum einen den Bedürfnissen der Bevölkerung entspricht, aber zum anderen auch der Natur keinen Schaden bringt. Im Gauri Shankar Gebiet und im Rolwaling Tal wurde dafür beispielsweise in Zusammenarbeit mit 25 lokalen Kooperativen Ökotourismus aufgebaut (Vgl. EcoHimal, online). Um besser zu verstehen, wie das Programm realisiert wurde, werden im Folgenden einige der definierten Voraussetzungen, die als Basis zur Umsetzung im Rolwalingtal dienten, genannt: (Vgl. East et al. 1996: 298f)

- Die Tourismusentwicklung in diesem Gebiet muss mit besonderem Augenmerk auf ökologische Aspekte erfolgen.
- Die Förderung des Tourismus muss einem sorgfältig geplanten Verfahren unterzogen werden, um negative Effekte im sozikulturellen Bereich zu vermeiden.
- Die Bildung von Arbeitsplätzen im Tourismus muss als ein Beitrag zu der ausgedehnten Eigenbedarfswirtschaft und nicht als eine Alternative zu den bereits vorhandenen Wirtschaftsformen gesehen werden.
- Bei allen Investitionen muss die Nachhaltigkeit der Maßnahmen in Betracht gezogen werden.
- Umfassende Ausbildungsprogramme (in den Bereichen Hygiene, Qualität des Essens, Ökologisches Management, das wirtschaftliche Betreiben von Lodges etc.) für diejenigen, die im lokalen Tourismus arbeiten, werden besonders notwendig sein.
- Die Tourismusentwicklung muss so organisiert werden, dass die lokale Bevölkerung den meisten Teil der Einnahmen bekommt.

Saving Mount Everest

Ein umfangreiches Projekt der Organisation EcoHimal ist das seit Oktober 2010 laufende „Saving Mount Everest" Programm, welches in Zusammenarbeit mit verschiedenen Partnern unter anderem folgende Ziele verfolgt (Vgl. Saving Mount Everest, online):

- Erhaltung und Schutz der Biodiversität im Mount Everest Nationalpark durch die Implementierung eines Müllmanagementkonzepts, welches die Einheimischen, die hierzu durch Schulungen trainiert werden, umsetzen sollen
- Schärfung eines größeren Bewusstseins der lokalen Bevölkerung und der Touristen über Müllmanagement und Schutz von Biodiversität
- Schaffung neuer Einkommensmöglichkeiten in der Region
- Sammlung und Entsorgung von umweltgefährdenden Müll entlang der Trekking- und Expeditionsrouten am Mount Everest und der Khumbu Region

Das Projekt wurde mit März 2014 abgeschlossen. Zu den erwarteten Resultaten zählt unter anderem, dass sich mindestens 70 Prozent Bevölkerung über die Wichtigkeit eines Müllmanagements und den Klimawandel informiert. Des Weiteren strebt man die Einführung nationaler Gesetze bezüglich Müllmanagements an, sowie die Einsammlung von insgesamt 8 Tonnen Müll am Mount Everest und entlang der Trekkingrouten. Zudem sind mindestens 15 Müll-und Recyclingzentren im Khumbu-Bereich geplant, die anschließend von 100 ausgebildeten lokalen Mitarbeitern betrieben werden sollen. Um dieses Vorhaben erreichen zu können, wurde laut Organisation ein Gesamtbudget von insgesamt 780.000 US Dollar benötigt (Vgl. Saving Mount Everest, online).

Es geht hervor, dass die vorher genannten Programme und Organisationen auf Spenden und Unterstützung anderer angewiesen sind. Es wird deutlich, dass das Land Nepal auch in Zukunft Hilfe von solchen Einrichtungen dringend gebrauchen kann und diese geradezu unabdingbar sind.

SCHLUSSBETRACHTUNGEN

Der Tag der Heimkehr ist wie die Phase beim Aufwachen, in der noch das Gefühl des letzten Traums im Körper steckt. Diese seltsame Spannung beim Aufsperren der Wohnung. Man öffnet die Pforte zurück in den Alltag, unter der Reisegarderobe noch das T-Shirt, das man am Morgen in einer anderen Welt angezogen hatte. Was hat sich in meiner Abwesenheit getan? Alles steht am selben Platz, die kurze Aufregung weicht der Erkenntnis, dass ja nie etwas passiert, wenn man weg ist, außer mit einem selber.

(Pfeifer, 2013: 14)

Wer Nepal als Tourist bereist wird sowohl begeistert, als auch schockiert sein. Hier vereinen sich eine bunte und für die westliche Welt fremde Religion mit einer atemberaubend schönen Landschaft und herzlichen Menschen. Blickt man jedoch ein wenig hinter die Fassade, so lässt sich erkennen, dass dieses Land noch einen weiten Weg in Bezug auf eine fortgeschrittene touristische Entwicklung vor sich hat. Vergessen werden darf keinesfalls, dass auch die Touristen einen großen Teil zu einer positiven Entwicklung des Landes beitragen können. Dazu ist zum einen ein offener Blick nötig, der die Gegebenheiten betrachtet, wie sie aktuell vorherrschen und sie nicht zu sehr verherrlicht. Zum anderen ist gleichzeitig eine positive Einstellung dem Neuen gegenüber notwendig. Dringt man in den Lebensraum einer Kultur so verschieden von der eigenen ein, so sollte dies mit Vorsicht, Respekt, Zurückhaltung und Verständnis, jedoch trotzdem einem gewissen Grad an Neugierde und Interesse erfolgen. Es darf nicht vergessen werden, dass Nepal mit Umweltproblemen zu kämpfen hat, welche durch einen wachsenden Tourismus noch verstärkt werden. Auch ein einzelner Tourist kann helfen, das Problem nicht noch zu verschlimmern beziehungsweise zu einer aktiven Verbesserung beizutragen. Nepal steckt noch regelrecht in den Kinderschuhen, was ein ausgefeiltes Müllsystem und den Umgang mit einem zunehmenden Strom an Touristen anbelangt. Zwar leisten Organisationen wie der Nepal Trust for Nature Conservation und EcoHimal bereits einen Beitrag zur Verbesserung, jedoch reicht dieser noch lange nicht aus um auch der Bevölkerung selbst dauerhaft und flächendeckend zu helfen. Auch die Politik muss ihren Beitrag dazu leisten. Nepal ist bereits auf einem guten Weg, doch dieser scheint noch lange.

BIBLIOGRAPHIE

Monographien

Anheier, Helmut K. (2005): Nonprofit Organizations. Theory, management, policy. Oxon: Routeledge

Buckley, Ralf (2010): Conservation Tourism. CAB International

Green, Michael J.B. (1993): Nature Reserves of the Himalaya and the Mountains of Central Asia. Oxford: Inernational Union for Conservation and Natural Resources

Grünwald, Armin/Kopfmüller, Jürgen (2006): Nachhaltigkeit. Frankfurt/Main: Campus Verlag GmbH

Hauff, Volker (1987): Unsere Gemeinsame Zukunft. Der Brundtland-Bericht der Weltkommission für Umwelt und Entwicklung: Greven

Luger, Kurt (2007): Auf der Suche nach dem Ort des ewigen Glücks. Kultur, Tourismus und Entwicklung im Himalaya. Innsbruck: Studienverlag Ges.m.b.H

Mausbach, Stefan (2010): Trekking in Nepal. Jomosom Trek. Annapurna Basecamp. Mount Everest Base Camp. Gokyo Trek. Norderstedt: Books on Demand GmbH

MCConnachie, James/Reed, David (2010): Nepal. Stefan Loose Handbücher. Ostfildern: DuMont Reiseverlag

Stöger, Roman/Salcher, Martin (2006): NPOs erfolgreich führen: Handbuch für Nonprofit-Organisationen in Deutschland, Österreich und der Schweiz. Schäffer-Poeschel Verlag

Streit, Bruno (2007): Was ist Biodiversität? Erforschung, Schutz und Wert biologischer Vielfalt. München: Verlag C.H.Beck oHG

Sammelwerke

Bahuguna, Sunderlal (1998): "Save Himalaya!" In: East, Patricia/Inmann, Karin/Luger, Kurt (1998): Sustainability in Mountain Tourism. Perspectives for the Himalayan Countries, 15-25, Delhi, Innsbruck

East, Patricia/Inmann, Karin/Luger, Kurt (1998): Sustainability in Mountain Tourism. Perspectives for the Himalayan Countries. Delhi: Book Faith India/Innsbruck: Studienverlag

Gurung, Harka (1998): "Sustainability and Development in Mountain Tourism" In: East, Patricia/Inmann, Karin/Luger, Kurt (1998): Sustainability in Mountain Tourism. Perspectives for the Himalayan Countries, 29-45, Delhi, Innsbruck

Janich, Peter/Gutmann, Mathias/Prieß, Kathrin (2001): Biodiversität. Wissenschaftliche Grundlagen und gesellschaftliche Relevanz: Berlin Heidelberg New York: Springer-Verlag

Odell, Malcolm J. (1998): "The Challenge of Global Conservation. Protected Area Management, Ecotourism, and Local People" In: East, Patricia/Inmann, Karin/Luger, Kurt (1998): Sustainability in Mountain Tourism. Perspectives for the Himalayan Countries, 213-230, Delhi, Innsbruck

Peterlik, Karl (1998): "Foreword". In: East, Patricia/Inmann, Karin/Luger, Kurt (1998): Sustainability in Mountain Tourism. Perspectives for the Himalayan Countries, 1-2, Delhi, Innsbruck

Sharma Uday R./Wells Michael P. (1996): "Nepal" In: Lutz, Ernst/Caldecott, Julian Oliver

(1996): Decentralization and Biodiversity Conservation, 65-75, Washington

Travis, A.S.: Sustainable Concepts and Innovations in City-Tourism and in Eco-Tourism. In: Pillmann, W./Predl, S. (Eds.): Strategies for Reducing the impact of Tourism. Vienna 1992

Broschüren/Zeitschriften

Thapa, Jang/Timsina, Ratna Raj (2011): Annual Report 2011. Kathmandu: National Trust for

Nature Conservation

Pfeiffer, David (2013): Zurück sein. In: NEON, 2013, Heft 4, Seite 40

Elektronische Medien

EcoHimal: Über EcoHimal http://www.EcoHimal.org/ueber-EcoHimal.html, [Aufgerufen am

19.03.2013]

EcoHimal: Info Folder http://www.EcoHimal.org/uploads/media/EcoHimal_Infofolder.pdf, [Aufgerufen am 16.03.2013]

Himalaya Adventure (2013): Sanfter Tourismus. Die andere Art zu Reisen, http://www.himalaya- adventure.de/, [Aufgerufen am 16.03.2013]

Planet wissen (2012): Umweltprobleme im Himalaya http://www.planet-wissen.de/laender_leute/berg_und_tal/himalaya/umweltprobleme.jsp, [Aufgerufen am

16.03.2013]

Nepal Trust for Nature Conservation (2012): Nepal: People and Nature: URL: http://www.ntnc.org.np/nepal-people-and-nature [Aufgerufen am 20.03.2013]

Springer Link (2011): Non-Profit-Organisationen http://link.springer.com/chapter/10.1007%2F978-3-531-92073-3_33?LI=true [Aufgerufen am 16.03.2013]

Saving Mount Everest (2011): Projektziele, http://www.savingmounteverest.org/das-projekt/projektziele.html, [Aufgerufen am 16.03.2013]

Saving Mount Everest (2011): Zeitrahmen – Milestones des Projekts, http://www.savingmounteverest.org/das-projekt/zeitrahmen.html, [Aufgerufen am 16.03.2013]

Saving Mount Everest (2011): Budget, http://www.savingmounteverest.org/das-projekt/budget.html [Aufgerufen am 19.03.2013]

Weiteweltweltweit (2013): Trekkinggebühren in Nepal – der bittere Beigeschmack http://weiteweltweltweit.wordpress.com/2013/01/16/trekkinggebuhren-in-nepal-der-bittere-beigeschmack/, [Aufgerufen am 16.03.2013]

Zeit online (2011): Die Besteigung des Müllbergs, http://www.zeit.de/reisen/2011-04/sherpa-nepal- himalaya/seite-2, [Aufgerufen am 24.03.2013]

THE DWARIKA'S HOTEL KATHMANDU – GASTLICHKEIT IN NEPAL
Michael Rac, 2013

EINLEITUNG
Nepal ist eines der reichsten Länder der Welt was Kulturschätze anbelangt. Es gibt 341 ethnische Gruppen in Nepal (vgl. U.S. Center for World Mission 2013: online), die die eigene Kultur pflegen und traditionsbewusst leben. Der Ausbau der Infrastruktur und die Gastfreundschaft der Menschen trägt eine Menge zur Entwicklung der Tourismus-Industrie in Nepal bei. (vgl. NTB 2013: online)

Diese Arbeit soll die Gastlichkeit und Gastfreundschaft in Nepal beschreiben und das Dwarika's Hotel in Katmandu näher bringen. Bei einem Rundgang durch dieses Kleinod Katmandus sind die Besonderheit dieses Hotels sowie die Herzlichkeit der Mitarbeiter spürbar. In persönlichen Gesprächen mit Einheimischen kann man viel über die Gastlichkeit und Gastfreundschaft in diesem Land erfahren. Die Bevölkerung Nepals lebt sehr naturverbunden und pflegt ihre Traditionen. Als Staat mit über 100 ethnischen Gruppen zeigt sich Nepal mit sehr vielen Kulturschätzen und einer sehr traditionsbewussten Bevölkerung. Respekt im Umgang mit Menschen und der Natur ist ein wichtiges Gut für die Bewohner Nepals und entsprechend sollten Touristen bei einer Nepal-Reise ebenso respektvoll mit Mensch und Natur umgehen.

Die Gastfreundschaft der Menschen hier lässt eine Nepal Rundreise schnell zu einem unvergesslichen Erlebnis werden und die Gelassenheit und Ausgeglichenheit überträgt sich sehr schnell auf einen selbst. Gastfreundschaft war und ist bei den unterschiedlichsten ethnischen Gruppen Nepals immer wichtig. So pflegt jede von ihnen ganz spezielle Rituale der Gastlichkeit. Aus diesem Grund werden in dieser Arbeit einige auserwählte ethnische Gruppen, deren Rituale und ihr Verständnis von Gastfreundschaft näher beschrieben, um einen Eindruck der Gastfreundschaft zu vermitteln.

GASTLICHKEIT DER ETHNISCHEN GRUPPEN IN NEPAL
In Nepal und vielen Kulturen und Religionen der Welt, ist die Gastfreundschaft heilige Pflicht. Sie gilt als besondere Form der tätigen Nächstenliebe. Immer schon waren Menschen unterwegs, freiwillig oder unfreiwillig, auf Handelswegen, Pilgerreisen oder auf der Flucht. Sie waren auf diesen Wegen immer wieder auf Hilfe angewiesen. Sei es, weil sie Unterschlupf bei Unwettern suchten, verfolgt wurden oder mit Krankheit vom Weiterkommen abgehalten wurden. Immer waren sie auf die Gastfreundschaft angewiesen. Das konnte nur funktionieren, wenn diese auf Gegenseitigkeit beruhte. Das heißt, jeder, der unterwegs war, durfte Gastfreundschaft beinahe uneingeschränkt zumindest für eine gewisse Zeit und in gewisser Form erwarten. Teils sogar unter Einsatz des eigenen Lebens wurde der aufgenommene Gast gegenüber Feinden verteidigt und bei Krankheit gepflegt. Die vorhandenen Nahrungsmittel wurden dem Gast in der eben möglichen Menge zugewiesen, auch wenn die Gastgeber selber wenig zu essen hatten.
Besonders in Ländern des Ostens wird die Gastfreundschaft noch sehr beeindruckend gepflegt, man könnte auch zelebriert sagen. Geteilt wird, was vorhanden ist und der Gast muss sich klaglos den Gepflogenheiten der Gastfamilie anpassen oder gar unterordnen. Ein Ablehnen wird nicht akzeptiert. Doch wird ein Gast vielfach auch zugleich als Ehrengast mit besonderen Privilegien behandelt. Es wird ihm die beste Schlafmöglichkeit zugewiesen und die besten Gerichte auf den Teller gelegt. Der Gast darf andererseits das ihm Angebotene

auch nicht zurückweisen, sollte essen, was ihm vorgesetzt wird, um die Gastgeber nicht durch seine Ablehnung zu beleidigen. Hier ist Vertrauen das Schlüsselwort, und Toleranz sowie Achtung spielen gegenüber dem Anderen eine Rolle. (Wierlacher: 2011)

Die Bevölkerung Nepals ist bis heute zum größten Teil ländlich und bäuerlich geprägt. Um die 90% der Bevölkerung leben von der Landwirtschaft und sind Subsistenzbauern. Viehzucht findet überwiegend zur Eigenversorgung statt. Besonders dieser Teil der Bevölkerung ist in Sachen Kultur und Religion noch sehr traditionsbewusst und pflegt die Rituale der Gastfreundschaft. Der Anteil der Stadtbewohner ist mit 15% der Gesamtbevölkerung nach wie vor einer der kleinsten weltweit. Die Verstädterung ist jedoch in den letzten Jahren stark angestiegen, die Zuwachsraten in diesem Bereich liegen bei 3,5% pro Jahr und höher. In Nepal herrscht eine große Wohlstandskluft zwischen der Stadt- und Landbevölkerung. Mehr als die Hälfte der 28 Millionen Nepalesen sind Analphabeten. 70% der Bevölkerung werden von dem brahmanisch beherrschten Kastensystem nicht als gleichwertig anerkannt. Rund 80% der Bevölkerung sind Angehörige des Hinduismus. Nepal war bis zur Entmachtung des Königs im Jahre 2006 das einzige Land, in dem der Hinduismus die Staatsreligion war. Das Parlament bekannte sich danach zum Säkularismus. Unter Säkularismus versteht man die erwachsene Weltanschauung, die sich auf die Verweltlichung der Gesellschaft beschränkt. (vgl. Royle: 1974)
Weiter sind rund 15% der Bevölkerung Buddhisten. Außerdem gibt es signifikante Minderheiten von Muslimen, Kirant und kleineren animistischen Glaubensrichtungen. Die etwa 2% Christen in Nepal sind aufgrund ihrer Religion manchmal Benachteiligungen ausgesetzt, dennoch können sie ihren Glauben öffentlich leben. Es gibt etliche christliche Schulen, vor allem im Katmandu Tal, die aufgrund ihrer Qualität auch von Hindus oder anderen Religionsanhängern besucht werden. (vgl. Dhakal: 2013, Kimmel 2013: online). Im folgenden Absatz wird nun auf einige der ethnischen Gruppen näher eingegangen, da diese in persönlichen Gesprächen mit Einheimischen, als besonders traditionsbewusst in Sachen Gastfreundschaft erachtet wurden.

Sherpa

Es gibt rund 180.000 Sherpas, was so viel wie Ostvolk bedeutet, die vor allem im Osten Nepals sowie China und Indien leben. Oft spricht man von den Sherpas als einer Berufsgattung, den Führern beim Trekking. Die Sherpas sind aber eigentlich eine Volksgruppe tibetischen Ursprungs, welche vorwiegend in Höhen über 2.500 Metern leben. Zum Teil haben sich diese Volksgruppen heute vermischt und über große Räume verstreut. Sherpa ist das Volk, das aus dem Tibet sich verbreitet hat. Sie sind größtenteils buddhistisch und sprechen ihre eigene Sprache, die ebenfalls Sherpa genannt wird. Sherpas können als geschäftsorientiert bezeichnet werden, da sie meist in touristischen Gegenden leben und seit den 1950er Jahren, als Nepal für den Tourismus zugänglich gemacht wurde durch den Sturz der Regierung, es gewohnt sind von Touristen und deren Zahlungsbereitschaft zu leben. Als Zeichen der Gastlichkeit haben Sherpas viele Rituale, bei denen sie die Gastlichkeit zeigen. Jeder Gast, der zu den Sherpas kommt wird mit einem heimischen Wein, der im Silberkelch serviert wird, begrüßt. Als Zeichen des Respekts bekommen Gäste einen sogenannten Khata-Schaal, den es in unterschiedlichsten Farben gibt und der als Glückssymbol dient. Besondere Gäste bekommen ebenfalls einen solchen Schaal, allerdings mit Verzierungen. Meistens bekommen Gäste auch eine Kette aus Ringelblumen, die ebenfalls Glück und Gesundheit bringen soll. Die Ringelblumen-Ketten werden handgefertigt und auch als Glückssymbol für Häuser verwendet. Man findet sie oft getrocknet auf Hauswänden. Zu besonderen Zeremonien oder Feierlichkeiten werden dann frische Blumen verwendet. (vgl. Dhakal: 2013, Von Fürer-Haimendorf: 1964)

Newar

Eine weitere wichtige und große ethnische Gruppe sind die Newar. Sie sind die Ureinwohner des Katmandu Tals und ebenfalls für ihre Feierlichkeiten bekannt. Allgemein wird bei den Newar davon gesprochen, dass sie mehr Feste feiern im Jahr, als es Tage gibt. Sie sind bekannt als lustiges und humorvolles Volk, die gern für jeden Spaß zu begeistern sind. Vor allem in Bhaktapur und in vielen kleineren Dörfern sind sie als Bauern, Handwerker und Kaufleute vertreten. Kubische Häuser aus kleinen Backsteinen mit geschnitzten Holzfenstern bildet das auffälligste Merkmal dieses Volksstamms. Ihre Herkunft ist weitgehend unbekannt, ihre Religion in vielen Fällen eine Kombination aus Buddhismus und Hinduismus. Es werden zahlreiche Gottheiten verehrt, welche dem traditionellen Hinduismus und Buddhismus beigefügt wurden. Newar sprechen einen tibeto-birmanischen Dialekt, auch Newari genannt. Ein Bestandteil des religiösen Verständnisses der Newari ist die Kumari, was so viel wie Mädchen bedeutet, die als Inkarnation der hinduistischen Göttin Durga verehrt wird. Sie wird von den buddhistischen Newar ausgewählt und gilt bis zu ihrer ersten Menstruation einigen Hindus und den nepalesischen Buddhisten, als lebende Göttin. In Nepal gibt es mehrere Kumaris, die bekannteste in Katmandu. Newari sind in der nepalesischen Gesellschaft sehr angesehen. Als Zeichen der Gastfreundschaft bieten sie ihren Gästen Wein, Fisch und Eier, da diese Glück symbolisieren. Newar gelten als sehr zurückhaltend und bescheiden im Hinblick auf Geschenke und Lob an der eigenen Person und verlangen nichts im Gegenzug, auch nicht wenn sie ihre Gäste teuer und wertvoll beschenken. (vgl. Shakya: 2013)

Brahmanen

Ein Brahmane ist im indischen Kastensystem ein Angehöriger der obersten Kaste. Brahmanen stellen zwar nur einen kleinen Teil der Bevölkerung dar, trotzdem sind sie in der intellektuellen Elite des Landes stark vertreten. Im Hinduismus ist es ihr Vorrecht sowie ihre Pflicht, Lehrer des Veda und Gelehrte zu sein. Sie gelten als sehr gebildet aber nicht geschäftsorientiert und jeder soll ihnen mit Respekt begegnen. Bis heute stellen hauptsächlich sie die Priester. Daher war „Brahmane" auch ein religiöser Titel. Das Einkommen eines durchschnittlichen Priesters ist und war eher gering, wenn er nicht gerade einen angestammten Platz, etwa an einem wichtigen Pilgerort mit vielen zahlenden Kunden hatte. Deshalb üben sie im modernen Zeitalter jeden Beruf aus. Brahmanen gelten als sehr wohl erzogen. Als oberstes Gebot gilt die Reinheit. Deshalb ist es den Brahmanen auch nicht erlaubt Fleisch zu essen und Alkohol zu trinken. Als Zeichen der Gastfreundschaft bieten Brahmanen ihren Gästen gerne Milch oder Joghurt an. Gereicht werden Milch oder Joghurt zu jeder Tages- bzw. Nachtzeit in Schalen oder Gläsern. Eine Ablehnung gilt als unangebracht und verärgert Brahmanen. (vgl. Dhakal: 2013)

Thakali, Tamang und Taru

Eine weitere ethnische Gruppe sind die Thalaki. Der Lebensraum der Thakali befindet sich im Kali Gandaki-Tal. Thalikali ist ein tibeto-mongolischer Stamm. Die Thakali haben während Jahrhunderten den Handel mit tibetischem Salz beherrscht, das in Nepal und Indien sehr beliebt war. Nach 1959 allerdings brach dieser Salzhandel aufgrund der Grenzschließung weitgehend zusammen. Heute betreiben die Thakali viele Lodges für Trekkingtouristen, welche zahlreich in dieses Hochtal strömen. Sehr beeindruckend sind die großen Karawansereien in Tukuche und das Dorf Marpha mit seinen Obstplantagen. Die Thakali sprechen eine tibeto-birmanische Sprache und sind Anhänger des Lamaismus. Sie gelten als sehr saubere Menschen. Als Betreiber einer Lodge bieten Thakali ihren Gästen alles an was sie haben und organisieren gerne Touren und Trips für ihre Gäste. Dieser Service, der dem Concierge Service sehr nahe kommt, gilt in Nepal jedoch als ziemlich rar und ungewohnt. (vgl. Kimmel 2013: online)

Südlich von Katmandu finden sich die Tamang, eine der größten tibeto-mongolischen Ethnien des Landes. Man schätzt die Zahl der Tamang auf über 350.000. Die Tamang sind Lamaisten mit vielen eigenen Klöstern, zudem spielt der Schamanenkult bei ihnen eine Rolle. Sie leben in Höhenlagen von 1.500 m und höher und bevorzugen meist sehr große Dorfgemeinschaften. Ihre Sprache heißt Rangitam und ist mit dem Tibetischen verwandt. In den einzelnen Regionen ihres Siedlungsgebiets sind auch starke Dialekte zu hören, die derart voneinander abweichen, dass sich manche Tamang untereinander in Nepali verständigen müssen, um sich zu verstehen. Als richtige Bergbauern pflanzen sie vor allem Mais, Hirse, Gerste und Weizen an. Der Name Tamang bedeutet auf Tibetanisch so viel wie Pferdehändler, was vermuten lässt, dass die Tamang ursprünglich aus dem Norden kamen und Pferdehandel mit den Newar betrieben. Später (vor etwa 1.000 Jahren) siedelten sie sich wohl dort an und die beiden Völker begannen sich zu vermischen. Wie die Sherpa, sind auch die Tamang erstklassige Bergsteiger. So verdienen viele Angehörige des Volkes ihr Geld heute als Träger auf Trekkingtouren. Sie genießen dabei den Ruf starker und zuverlässiger Begleiter. Auch viele Köche und Bergführer stammen mittlerweile aus diesem Stamm. Thamang gelten in ihrer Gastfreundschaft eher als zurückhaltend aber als sehr liebevoll und herzlich. (vgl. Shakya: 2013, Kimmel 2013: online)

Im subtropischen Tiefland des Terai, an der Grenze zu Indien haben sich Tharu angesiedelt. Die Tharu selbst sagen, dass sie ein Volk des Waldes sind. In Chitwan haben sie hunderte von Jahren in den Wäldern gelebt und Ackerbau betrieben. Sie pflanzten Reis, Senf, Mais und Linsen, aber auch wilde Früchte, Gemüse, Heilpflanzen und sammelten Materialien, um ihre Häuser zu bauen. Die Tharu waren früher Jäger und Fischer und lebten isoliert in ihren Ortschaften, frei von Einflüssen aus dem umliegenden Nepal oder Indien. Die Tharu Frauen haben als einzige Frauen in Nepal das Recht auf Scheidung (vgl. Kimmel 2013: online). Das Merkmal der Tharu sind die verzierten Reiscontainer und die bunt bemalten Fassaden ihrer Häuser, die lediglich mit Lehm, Schlamm, Mist und Gras gebaut sind. Als Zeichen der Gastfreundschaft unternehmen die Tharu gerne Touren mit Ihren Gästen. Sie lieben es in der Natur zu sein und den Gästen ihren Lebensraum zu zeigen. Sie haben daran große Freude und verlangen im Gegenzug nichts als Dankbarkeit. Als Gastgeschenk bekommen Gäste meist eine bunte Kette, handgefertigt aus Naturmaterialien, meist Blumen, Gräsern oder Korn. Eine Ablehnung des Gastgeschenkes wird, wie bei fast allen ethnischen Gruppen in Nepal, als respektlos betrachtet.

ENTWICKLUNG DER BEHERBERGUNGSBETRIEBE IN NEPAL

Die Entwicklung der Beherbergungsbetriebe in Nepal begann mit der Öffnung der Grenzen, im Zuge des Regierungssturzes im Jahr 1951. Das erste Hotel war das Royal Hotel mit 40 Zimmern und 50 Betten. Gefolgt von der Errichtung des Hotel Snow View, das 23 Zimmer und 38 Betten umfasste, so dass insgesamt 78 Gästebetten bis zum Jahr 1959 registriert waren. Während der Jahre 1962 bis 1966 wurden die touristischen Aktivitäten auch nach Pokhara und Lumbini erweitert und die Zahl der Gästebetten in Nepal erreichte bis zum Jahr 1964 stolze 177. Im Zeitraum von 1966 bis 1970 entstanden in Katmandu, Pokhara und

Biratnagar immer mehr Hotels auch mit internationalem Standard, wodurch die Hotelindustrie in Nepal eine deutliche Wertsteigerung erlebte. Deshalb wurde im Jahr 1967 die Hotel Association Nepal (HAN) gegründet.

Die Mission der Hotel Association Nepal war und ist die Förderung des Potenzials der Hotellerie und das Wachstum der privatgeführten Hotel- und Tourismusbranche in Nepal. Die Association versucht mit ihren Mitgliedern und Partnerschaften das Wachstum auf eine nachhaltige Art und Weise voranzutreiben und vermarktet die Hoteliers, damit sie wachsen und sich verbessern können. (vgl. HAN: online) Bis zum Jahr 1965 erreichte die Gesamtzahl der Betten 356, mit 56 Gästebetten außerhalb Katmandus (8 in Kakani, 4 in Nagarkot, 30 in Pokhara, 12 in Lumbini und 2 in Daman). Bis zum Ende des Jahres 1970 erreichte die Gesamtzahl der Betten stolze 1.500. (vgl. Banskota et al.: 2011).

Ein besonderes Erlebnis ist für seine Besucher das Dwarika's Hotel Kathmandu. Es bietet heute mit seinen 87 Zimmern und 174 Betten ein königliches Ambiente vergleichbar mit den Royal Suiten des 14. Jahrhunderts im Königreich Nepal. Das Hotel gehört zum Weltkulturerbe und nimmt seine Inspiration aus der Pracht der Paläste der Newar Könige. Das Hotel verfügt über eine umfangreiche Sammlung von Artefakten aus dem 13. Jahrhundert Die Verschmelzung von architektonischer Geschichte Nepals mit seiner langen Tradition der Gastfreundschaft macht das Dwarika's Hotel in Katmandu eine einzigartige Erfahrung im Stil der Nepali. (vgl. Dwarikas: 2013: online) Aus diesem Grund wird auf den folgenden Seiten mehr über dieses Hotel, seine besondere Geschichte und die Gegenwart geschrieben.

THE DWARIKA'S HOTEL KATMANDU

Das Dwarika's Hotel Katmandu gehört zur Gruppe „The Dwarika's Group of Hotels and Resorts" und konnte bereits den PATA Heritage Award sowie den INTACHE-SATTE Heritage Award gewinnen. Die Mission der „Dwarika's Group of Hotels and Resorts" ist das Erreichen einer einzigartigen Gastlichkeit, die das reiche und vielfältige Erbe des Landes unterstützt. (Dwarikas 2013: online)

Die Geschichte des Hotels führt in das Jahr 1952, als der Gründer Dwarikas Das Shrestha beim Joggen beobachtete, wie Tischler beim Abriss eines Hauses mitten in Katmandu, die kunstvoll geschnitzten Fensterrahmen zu Brennholz zersägten. Dwarikas Das Shrestha bot den Tischlern einen Tauschhandel an und beschaffte ihnen neues Brennholz. Im Gegenzug verlangte er die alten und teilweise kaputten Rahmen.
In den folgenden Jahren wurde er zum leidenschaftlichen Sammler solcher Holzarbeiten, die teilweise über 700 Jahre alt waren. Durch die lange Lagerung wurden die antiken Holzschnitzereien mit der Zeit morsch und unbrauchbar. Dwarikas Das Shrestha beschloss im Zuge dessen, professionelle Holzschnitzer zu engagieren, die den alten Fensterrahmen zu neuem Glanz verhelfen konnten. Er fand in Katmandu einen Mann, der Vater von drei Kindern war und engagierte ihn und seine Söhne. Der Vater lernte den Kindern das Schnitzen, sodass auch sie mitarbeiten konnten. Zusätzlich engagierte er junge Männer, die bereit waren das Holzschnitzen zu erlernen, um ihre Familien ernähren zu können. Ein großes Anliegen bestand darin, die besonderen Schnitzereien zu erhalten und somit dieses kulturelle Erbe Nepals und des Katmandu Tals weiterzuführen, denn in Nepal kümmerte sich die Regierung nicht um den Erhalt des Kulturerbes.

Um die Holzschnitzer und die Auszubildenden zu entlohnen, baute Dwarikas Zimmer für Studenten oberhalb seines Kuhstalls. In den folgenden Jahren wurden aus dem einen Studentenzimmer mehrere Gästezimmer. 1977 fand die Registrierung zum Hotel, mit 10 Zimmern, statt. In den weiteren 20 Jahren wurden 26 Zimmer dazu gebaut. Bei der Planung und beim Bau selbst wurden keine Architekten, Statiker, Baumeister oder technische Hilfsmittel zu Rate gezogen bzw. verwendet, alles wurde in Eigenregie erbaut.

1992 starb Dwarikas Das Shrestha. Bis zur Übernahme durch die Tochter Sangita Shrestha im Jahre 1998 kümmerte sich seine Ehefrau Ambica Shrestha um das Hotel. Heute umfasst das Hotel 20 Suiten und 68 Zimmer sowie eine Bibliothek, Konferenzräume, drei Restaurants, eine Hotelbar und ein Geschäft mit einer erlesenen Auswahl an Büchern, Kunsthandwerk und Schmuck. (vgl. Shrestha: 2013. Dwarikas: 2013, online)

Das Dwarika's Hotel verzichtet bewusst auf eine Sterne-Klassifizierung, ist aber mit einem 5 Sterne Superior Hotel, auf europäischen Standard, zu vergleichen. In einem Entwicklungsland wie Nepal ist ein solches Hotel, aufgrund der politischen Unsicherheiten sowie z.B. aufgrund des Mangels an Trinkwasser oder des Mangels an Ausbildung der Arbeitskräfte, zunächst nicht zu erwarten. Deshalb ist es umso bemerkenswerter, dass die Standards in Sachen Service, Hygiene und Gastlichkeit sehr hoch liegen und verglichen mit dem europäischen Hotelstandard außerordentlich sind. Bereits viele Prominente, die auch auf Bildern im Hotel verewigt sind, konnten sich von diesem Standard überzeugen. Für den Tourismus in Nepal ist das Dwarika's aufgrund seiner Historie und der architektonischen Besonderheit ein Ort der Erholung und Sicherheit mitten in der quirligen Hauptstadt Katmandu. Da das Hotel völlig auf bezahlte Werbung verzichtet, da Journalisten und nationale wie internationale Medien gerne von sich aus darüber berichten, ist es auch noch ein besonderer Geheimtipp für Nepalreisende, denn in diesem Hotel sind die Mitarbeiter sehr freundlich und zuvorkommend, der Gast ist Gott und wird sehr geschätzt. Die Mitarbeiter geben dem Gast alles was sie können und was sie haben. (vgl. Shrestha: 2013)

Das Hotel ist lediglich ein paar Minuten vom tobenden Zentrum Katmandus entfernt und ist an einer lärmenden Hauptstraße gelegen. Sobald man jedoch als Gast das Hotel betritt, hört man keinen Lärm und idyllische Ruhe kehrt ein. Es entsteht nicht nur ein Gefühl des Eintauchens in eine andere Welt, es geschieht tatsächlich. Die Mitarbeiter begrüßen den Gast zuvorkommend mit einem „Namaste" und strahlen eine angenehme Ruhe und Zufriedenheit aus. Dieser Attitüde der Mitarbeiter nimmt man sich als Gast gleich an und vergisst den Stress und alle negativen Gedanken. Da der Innenhof, den man als Gast gleich nach der Eingangstür erblickt und betritt, mediterran angehaucht ist, hat man zunächst auch nicht das Gefühl in Nepal bzw. Katmandu zu sein. Spätestens bei den Klängen der traditionellen Musik im Innenhof wird einem dies aber auf eine sehr angenehme Art und Weise wieder bewusst. Jeden Abend bietet das Hotel diese Musik mit tänzerischer Begleitung, inmitten des Innenhofs, der von den verschiedensten Gebäuden des Hotels umrahmt wird. Auf zahlreichen Sitzgelegenheiten können Gäste platznehmen und entspannen. Auch die sanften Wasserfalltöne der zahlreichen Springbrunnen in Kombination mit der Musik sind sehr angenehm und eine willkommene Abwechslung zum Straßenlärm im Zentrum.

Auch in Sachen Sauberkeit lässt das Dwarika's nichts anbrennen. Sei es im Innenhof, in der Rezeption, der Hotelbar oder im Restaurant, alle Bereiche des Hotels sind sehr sauber und gepflegt. Einmal mehr verdeutlicht sich der Unterschied zur schmutzigen Hauptstadt. Die

Zimmer sind alle individuell eingerichtet und verfügen über jeglichen Komfort, den man als westlicher Tourist gewohnt ist: Fernseher, Computer, Klimaanlage, Minibar, etc. In der Lobby des Hotels ziert ein schöner Kamin die Wand, der mit gemütlichen Sesseln davor zum Verweilen einlädt. Die Hotelbar, die ein eigener Baukomplex ist und vor der der Hotelpool liegt, besticht durch die transparente Bauweise und die stilvolle Einrichtung. Bilder von berühmten Persönlichkeiten, die bereits im Dwarika's zu Besuch waren, zieren die Wände und verdeutlichen, dass das Hotel durchaus auch international bekannt ist. Auf einen Blick lässt sich die Liebe zum Detail erkennen. Nichts ist dem Zufall überlassen. Sämtliches Inventar ist farblich und stilistisch abgestimmt und feine Dekorationselemente bringen das Wohlfühlgefühl in einem hoch.

Mitarbeiterphilosophie des Hotel

Laut Ambica Shrestha (2013) beschäftigt das Hotel rund 300 Mitarbeiter. Das Management Team setzt sich zusammen aus Menschen, die Auslanderfahrungen mitbringen und bereits in anderen Hotels tätig waren. Sprachliche Kenntnisse und soziale Kompetenzen sind im Managementbereich die Anforderungen seitens der Besitzer. Die übrige Mannschaft setzt sich zusammen aus Menschen aus den unterschiedlichsten sozialen Schichten, sowie aus verschiedensten Teilen Katmandus und aus den umliegenden Gebieten. Die Ausbildung der Mitarbeiter findet meist direkt im Hotel statt im Rahmen eines Trainee Programms, da die meisten Bewerber, sei es aus finanziellen oder familiären Umständen, keine Möglichkeiten zur spezifischen Ausbildung haben. Jedes Individuum wird gefördert und bei Einstellung wird jedem eine Ansprechperson zur Seite gestellt, die für Fragen zur Verfügung steht. Das Hotel bietet die Möglichkeit sich einzuarbeiten und sich soweit wie möglich einzubringen. Beförderungschancen stehen jedem offen, bedürfen allerdings längerer Zeit, in der sich die Mitarbeiter beweisen können und müssen. Die Integration der Mitarbeiter läuft meist problemlos, da das Team sehr auf Ehrlichkeit und Genauigkeit setzt und diese Eigenschaften auch neuen Mitarbeitern entgegenbringt. Gemeinsame Aktivitäten, veranstaltet von den Abteilungsleitern, führt die Menschen zudem näher zu einander und bietet die Möglichkeit des Austausches. Darüber hinaus werden den Mitarbeitern kostenlose, private Zimmer zur Verfügung gestellt, die sich in der Nähe des Arbeitsplatzes befinden.

Das Ziel der Besitzer ist es, die Angestellten dahingehend zu schulen, die Holzschnitzereien, Antiquitäten und wertvolles Inventar wertzuschätzen und wie persönliches Eigentum zu behandeln. Die Mitarbeiter sind alle schlicht in schwarz und weiß gekleidet und tragen alle ein Namensschild. Die Männer tragen außerdem noch landestypische Hüte. Die Personalpolitik des Hauses besagt, dass es nichts gibt für das man sich schämen muss. Jeder hat irgendwann klein angefangen und Fehler begangen. Das Wichtigste ist es, aus den Fehlern zu lernen und sie beim nächsten Mal nicht wieder zu begehen. Diese Ehrlichkeit und Klarheit schätzen die Mitarbeiter sehr und sind deshalb mit dem Arbeitsklima zufrieden und bleiben oft jahrelang dem Hotel erhalten. (vgl. Rana: 2013)

Dwarika's Resort Dhulikhel

Im Zuge des Wachstums des Dwarika's Hotel und der Weiterentwicklung der Bedürfnisse der Gäste, wurde im März 2013 das Dwarika's Resort Hotel in Dhulikhel eröffnet, das speziell auf Erholung und Wellness ausgerichtet ist, ein sogenanntes Lifestyle-Resort.

Das Resort ist eine ökologisch betriebene Wellness- und Naturschutzoase in den Ausläufern des Himalayas. Das Hotel fokussiert sich auf traditionelle Behandlungen, die aus der

Himalaya-Region stammen, sowie auf buddhistische Medizin und Ayurveda und konzentriert sich dabei auf die Verjüngung der geistigen und körperlichen Aspekte des Menschen. Das Hotel liegt in Dhulikhel, 45 Minuten von Katmandu entfernt. Die Philosophie des Hauses ist das Zurückgeben an die Natur, an den Menschen, die Wirtschaft und die Gesellschaft. Aus diesem Grund wurden die Gebäude unter Verwendung von natürlichen Materialen, wie Stein, Holz Erde, Lehm, Kalk und Ziegelmehl erbaut. Die Innenräume wurden mit umweltschonender Farbe ausgemalt und die Badezimmerarmaturen wurden ohne jeglichen Einsatz von Chemikalien hergestellt. Das Resort zeichnet sich weiter aus durch seine umweltfreundliche Solarbeleuchtung oder die Wiederverwendung von Wasser durch Wasseraufbereitungsanlagen. Den Gästen soll absoluter Rückzug für Seele, Geist und Körper ermöglicht werde. Großer Wert wird dabei von den Besitzern auf die richtige Küche bzw. Ernährung gelegt. Es werden lediglich saisonale, regionale Produkte verwendet, die vor allem aus eigenen Bio-Farmen oder aus anderen heimischen Landwirtschaften stammen. Die angebotenen Mahlzeiten sollen die Behandlungen ergänzen und mit dem Lebensstil vereint werden.

Um die Mitarbeiter des Resorts auch dahingehend zu schulen, wurden bereits vor der Eröffnung Trainingsprogramme durchgeführt, um die geeigneten Mitarbeiter zu finden und auszubilden. Die Ausbildung ist für die Mitarbeiter völlig kostenfrei, da Kosten vom Hotel übernommen werden. (vgl. Dwarikas: 2013: online).

Besonders bei diesem Resort lässt sich erkennen, dass das Zusammenspiel des Konzepts und der Mitarbeiter sehr passend ist. Gerade das Augenmerk des Rückzugs und der Privatsphäre passt sehr gut zu den Charaktereigenschaften der meisten Nepalesen. Als Erholungssuchender wird man in diesem Resort die Ruhe und Entspannung nach der man sich sehnt sicherlich finden und die wesentlichen Dinge des Lebens, die für jeden individuell sind, wieder zu schätzen lernen. Dieses Resort als Form der Gastfreundschaft ist in Nepal bislang beispiellos und einzigartig.

CONCLUSIO

Nepal ist, trotz der nicht vorhandenen Regierung und dauernden Regierungskrisen sowie der herrschenden Probleme in Bezug auf Sicherheit, Bildung, Arbeitsplatzschaffung, Infrastruktur und Geldpolitik, auf einem guten Weg in Sachen Tourismus. Es ist erstaunlich, dass ein so kleines Land eine solche Vielfalt an Kulturen, Kulturschätzen und Natur bieten kann. Trotzdem ist es auch erschreckend zu sehen, dass durch Misswirtschaft und Korruption die wichtigsten Güter des Landes aufs Spiel gesetzt werden.
Das ehemalige Königreich im Herzen des Himalayas weist dennoch eine faszinierende Mischung aus Kultur und Natur auf und ist Heimat überaus liebenswerter und religiöser Menschen. Das Dwarika's Hotel Katmandu, eine Oase inmitten der quirligen Hauptstadt, überzeugt Europäer auf voller Linie und bleibt längere Zeit im Gedächtnis und die Faszination des Landes und der Menschen inspiriert ungemein.

Das größte Gut sind die Menschen, die in Nepal leben und ihre Art Gäste zu empfangen und wertzuschätzen. Die Kulturen und die besonderen Eigenschaften der Menschen lassen Touristen das Land anders entdecken und anders erleben als es in europäischen Städten der Fall ist.
Als Tourist, der das erste Mal Nepal besucht, lässt man anfängliche Hemmungen und Ängste schnell fallen, passt sich dem Lebensstil der Einheimischen an und versteht diesen

auch relativ schnell. Dennoch ist es erschreckend zu erleben und zu sehen, dass ein gemeinsamer Planet derart unterschiedliche Lebensstile beherbergen kann.

Der Hotelmarkt in Nepal, speziell der Katmandus, boomt, vermutlich auch wegen den dort arbeitenden Menschen, und die Standards in Punkto Hygiene und Service werden stetig höher. Es bleibt zu hoffen, dass auch die politische Situation sich in Zukunft stabilisiert und sich zu Gunsten der Menschen verbessert, denn ein Land wie Nepal darf nicht von Menschen und deren Fehlführung zerstört werden.
Die in dieser Arbeit erwähnten ethnischen Gruppen sind gegenüber Touristen sehr aufgeschlossen und lassen sie, bis zu einem gewissen Grad, ziemlich schnell an ihrem privaten Leben teilhaben. Trotz der Tatsache, dass sie wenig an materiellen Dingen besitzen, geben sie in menschlicher Hinsicht sehr viel. Es ist eine andere Art zu geben als es Europäer gewohnt sind, aber speziell das begeistert, überzeugt und fasziniert.

BIBLIOGRAPHIE

Banskota, Mahesh et al. (2011): Nepal Tourism and Development Review. Volume 1, Issue 1. URL: http://welcomenepal.com/corporate/images/Journal.pdf. (23.03.2013)

Hotel Association Nepal (HAN) (2013): About HAN. Objectives. http://www.hotelassociationnepal.org/index.php/about-han/objectives (22.5.2013)

Kimmel, Thomas (2013): Nepal. URL: http://www.nepal.de/Nepal/ (14.4.2013)

Nepal Tourism Board (NTB) (2013): Tourism Research Centre. URL: http://welcomenepal.com/corporate/473182689482-559217923623 (2.4.2013)

Royle, Edward (1974): Victorian Infidels. The Origins of the British Secularist Movement 1791-1866. London: Rowman & Littlefield Publishers

The Dwarika's Hotel (2013): Dwarika's Story. URL: http://dwarikas.com/heritage/dwarikas-story.html (12.03.2013)

U.S. Center for World Mission: Joshua Projekt (2013): URL: http://www.joshuaproject.net/international/de/countries.php?rog3=NP

Fürer-Haimendorf von, Christoph (1964): The Sherpas of Nepal. Buddhist highlanders. London: John Murray.

Wierlacher, Alois (2011): Gastlichkeit. Rahmenthema der Kulinaristik. Berlin: Lit Verlag

Persönliche Gespräche und Interviews

Dhakal, Narayan (2013): Interview mit Eco-Himal Mitarbeiter. Persönliche Gespräche während Nepal-Aufenthalt im Februar 2013.

Rana, Sheba (2013): Interview mit Hotelmanager des Dwarik's Hotel. Persönliches Gespräch am 27. Februar 2013 in Katmandu.

Shakya, Sangita (2013): Interview mit Eco-Himal Mitarbeiterin und Newar. Persönliches Gespräch am 21. Februar 2013 in Katmandu.

Shresta, Ambica (2013): Interview mit Besitzerin des Dwarik's Hotel. Persönliches Gespräch am 27. Februar 2013 in Katmandu.

Pilgrimage tourism - Holy Mount Kalinchowk
Pamela Aspanti, 2013

History of pilgrimage

"The word Pilgrimage was derived from Latin word Peregrinus, i.e. stranger, which means visit to a sacred place" (Kunwar, Ghimire, 2012, p.8). The word pilgrim indicates the travel, more precisely the travelling of someone who is foreigner. Nevertheless the word has assumed a precise meaning: the pilgrim is a traveller who is pushed by different motivations than business, meeting the family or intellectual curiosity (Bertinetti).

Starting from the year 500 till the year 1000 pilgrimage was mostly an individual practiced phenomenon. People experienced the trip on their own without any company or guidance. Towards the end of the first millennium however people begun to practice more group pilgrimages and those started to be more organized and secure. Furthermore during the VII century pilgrimage took a different approach. Together with charity, it became a punishment for misbehaviors; the holy trips were in effect forced and prescribed. Pilgrimage was indeed not only practiced for visiting holy cult places, but also to fulfill a vow. The pilgrimage used as punishment was performed also by the high society, including kings and emperors, who had in this case the same punishments as the lower classes. During the XI century the most popular pilgrimage destinations were Jerusalem, Rome and Santiago de Compostela, together with other minor destinations, which were reached by people from all over the world. Many pilgrimage trails have their roots in the phenomena of nomadism, when people were forced to move from one place to another because of the scarcity of food and water and with the hope for a better living. As Leed (1991) demonstrates indeed many pilgrimage destinations were already frequented from nomadic people, who used to walk along and towards specific destinations during the period of abundance in order to celebrate banquets with the other nomadic groups. Pilgrimage to sacred and holy places such as Lumbini for Buddhists, Pashupatinath for Hindus, Jerusalem for Christians and Mecca for Muslims induced modern tourism in the society (Ghimire, 2004, quoted in Kunwar, Ghimire, 2012, p.9). Fortunately the early pilgrims soon started to accompany their trips with texts and diaries, so it is easier today to retrace their movements, feelings and experiences.

Pilgrimage tourism

"Pilgrimage is the oldest concept or original art of travelling" (Kunwar, Ghimire, 2012, p.9). Since the ancient times people have always liked to discover, to learn, to experience and live new and different adventures. Thanks to the numerous people's interests, but also depending on what exactly they want to experience during the trips (relaxation, excitement, adventure, inner peace, etc.), many different types of tourism have developed throughout the years. The proof of the different interests people had in the past can be found in old documents, chronicles and libraries, but also in churches, monasteries and other religion homes. Those documentations help to understand the history and development of the different ways and reasons of travelling.

Pilgrimage is the type of tourism related to the holy and spiritual experiences. The term indicates the movement and wander of a person or group of people out of their everyday environment and lifestyle, with the aim and destination of a place that reconnects with the holy. Wiederkehr (2000, p. 11) states that a pilgrimage is a ritual journey with a hallowed purpose. Every step along the way has meaning. The pilgrim knows that life giving challenges will emerge. A pilgrimage is not a vacation; it is a transformational journey during which significant change takes place. New insights are given. Deeper understanding is attained. New and old places in the heart are visited. Blessings are received and healing takes place. On return from the pilgrimage, life is seen with different eyes. Nothing will ever be quite the same again. After the journey is over, one should always try to recollect the joyful moments spent at holy places to keep them vivid in one's memory. Such recollection is productive of joy and is a skillful means of re-enforcing one's good karma already acquired (Kunwar, Ghimire, 2012, p.10).

Every pilgrimage has three fundamental characteristics: the pilgrim who walks a specific road, an obvious ending of the trip which is related to the sacred and the motivation that drives the pilgrim to discover a different and enriching reality (Barretta, 2007). The holy shrines are conducive places for pilgrims to reflect on the virtues and practice mind-fullness to develop wisdom. These are various practices by which one can show veneration at the holy shrines in addition to the normal acts of devotion like the offering of flowers, lights, incense and worship (puja). Indeed one can develop the perfections and earn much merit when going on a pilgrimage (Kunwar, Ghimire, 2012, p.10).

Nowadays the diminishing of time, risks and costs of the trip, made it happen that the cultural pilgrimage became more and more a mass tourism phenomena, indeed it is considered as a subgroup by the people in the religious tourism field, which is actual tourism, unlike pilgrimage (Barretta, 2007). The relationship between tourism and religion has focused primarily on the question of the similarity and difference between the tourist and the pilgrim (Kunwar, Ghimire, 2012, p.9). It is very easy to cross the border from pilgrim to tourist and regular traveler when the trip does not have a specific interest and there is no real need of holy and religious experience. Many travelers visit a sacred place just as a 'must see' because it is considered an open museum and is part of the holiday destination. Nevertheless there are major differences between tourism and pilgrimage. As Kunwar and Ghimire (2012) state, tour is an outer journey in geographical space to have pleasure; pilgrimage is an inner journey in the outer space from where immanent and transcendent together make a system complex. "As human being we need both" (Sigh, Malville, 2011, quoted in Kunwar, Ghimire, 2012, p.9). Many tourists want to visit the most places in the fewest time span and experience the best comfort. For the pilgrim on the other hand the destination is the most important part of the trip and the comfort is only the one necessary to survive; it often includes some sacrifices. "The more you put in, the more you get out" (Pilgrim, quoted in McConnachie, 2012). The tourists' interests are concrete and earthly, whereas the pilgrims have religious motivations which aim to transform their lives. "Usually, tourists travel to see the places and experience but in the pilgrimage process pilgrims get wisdom and knowledge" (Kunwar, Ghimire, 2012, p.18), therefore "the devotees make pilgrimage to holy places to fulfill their wishes" (Kunwar, Ghimire, 2012, p.9).

During the last years as respond to mass tourism and its negative impacts on the environment and inhabitants of a destination, more sustainable forms of tourism have started to develop. Fortunately this new approach of travelling is mostly being accepted in a positive way by the tourists, who are personally contributing to the improvement. The practice of pilgrimage stimulates not only the promotion of culture and its heritage, but also the preservation of the environment and the people living in it. As Szostak (2007, quoted in Kunwar, Ghimire 2012, and p.9) argues, pilgrimage can have very positive effects on communities and is one of the well-known phenomena in religion and culture and it exists in all the main religions of the world.

After considering the last described facts, it is also appropriate to add that tourism is an important part of a country's economy and that pilgrims are a significant group of the traveling society. Thinking in those terms is it still right to separate tourism and pilgrimage into two different categories or does a country gain more from the combination and support of both?

Pilgrimage in Nepal

"Nepal is a country that hosts as many gods as people" (NTB, 2012). There are numerous different religions because of the diverse ethnic groups who, within the years, have found a home in this country. Nepal plays a fundamental role in the history of Hinduism and Buddhism. As the Nepal Tourism Board (2012) states, Hinduism is the main religion of the Nepalese people. The trinity of Hinduism - Brahma, Vishnu and Shiva - and the pantheon of numerous other Hindu gods and goddesses are devotedly worshipped in Nepal. Buddhism is an equally important religion because the country is the birthplace of the Buddhist religion's founder Lord Buddha.

The difference between those two main religions has become smaller during the time. This statement can be testified from many different temples which represent characteristics of both religions. The people who visit the sanctuaries are also more commonly practicing a combination of Hinduism and Buddhism. It is also true that many gods are and have always been present in both of the religions (major examples are Lord Shiva and Vishnu).

As the country has freedom of religion, many other religions are established within Nepal; Tantrism, Islam and Christianity are some of them. The Nepal Tourism Board (2012) describes Hinduism as being the major religion; however Buddhism, Christianity and Islam are also the main religions. This different combination of religions represents not only a belief for the people, but mostly it is an important set of traditions, culture and ethnicity which describe and represent the country.

Pilgrimage is not a new phenomenon for both Hindus and Buddhists. They were quite familiar with terms like tirthan, paryatan, deshatan mentioned in Sanskrit texts (Collins-Kreiner et al., 2006, quoted in Kunwar, Ghimire, 2012, p.9). There are age long traditions of visiting pilgrimage sites by domestic as well as Chinese and Indian pilgrims since long, to and from Nepal (Kunwar, Ghimire, 2012). Pilgrims visit pilgrimage sites for wisdom and purification and believe that it is the way to reach the Buddhist paradise after death. There is no compulsion for pilgrimage but it could be one of the ways to attain nirvana (liberation). It could be also a peace-tourism destination (Kunwar, Ghimire, 2012).

A very important component of the Hindu life style consists of the numerous religious events and pilgrimages which are programmed according to the Hindu moon calendar. Those celebrations should bring to the inhabitants of the villages and towns a collective well being, good harvest and protection against bad forces. For every individual person they should guarantee luck and the closeness to Moksha, the very far, but not out of sight, personal redemption (Krack, 2011).

Not a day passes in Nepal on which there is not a festivity celebrated somewhere. Most of them are religious, Hinduism is indeed a religion with around 300 million gods and the most important ones need to be celebrated. The events are often a complicated combination between religious rituals and a fair (Krack, 2011). Some of the main religious events and pilgrimages are Mahashivaratri, Teej and Balachaturdashi (celebrated at the Pashupatinath temple), Buddha Jayanti (big celebration at the Swayambhunath Mahachaitya Stupa) and Sita Panchami or Sita Bibaha Panchami (celebrated in Janakpur).

Lumbini

Lumbini is "one of the unique forms of manifestation of a sacred site is its close association with a particular holy person or deity" (Bharati, 1970, quoted in Kunwar, Ghimire, 2012, p.11). Lord Buddha was born in the city of Lumbini in the 6th century B.C. The city is situated around 300 km southwest from the capital city Kathmandu, in Rupandehi District of Southern Terai. "Despite the richness of Buddhist heritage, Lumbini is located in one of the country's poorest regions" (Kunwar, Ghimire, 2012, p.2). The city is nevertheless inscribed in the UNESCO's World Heritage List.

It is noted that the sacred area is one of the holiest places of one of the world's greatest religions. Lumbini's remains contain important evidence about the nature of Buddhist pilgrimage centers from a very early period. For centuries pilgrims travelling from afar revered the spot at the Lumbini garden where the prince of peace and non-violence was born, building stupas, monasteries and other types of monuments. The history of Lumbini was indeed re-established with the visit of the Indian Mauryan Emperor Ashoka, who performed a pilgrimage in the 3rd century B.C. and erected a stone pillar with the following inscription: 'Shakyamuni Buddha was born here'. This authenticates the exact spot where Queen Maya Devi gave birth to the blessed one. Later on, during the 4th, 5th and 6th century, three famous Chinese pilgrims visited Lumbini: Tseng Tsai, Fa-Hsien and Hiuen Tsang. Those three pilgrims also left their footprints behind, but especially the contribution of Hiuen Tsang is remarkable; he wrote a travel account describing his trip. This contributed to get Lumbini known in the world (NTB, 2011). After an interregnum of about 600 years, another prominent visitor left a mark in Lumbini. Khasa King Ripu Malla from Sinja in far west Nepal paid a visit to the holy site. He engraved his name on the Asoka Pillar dated 1312 (saka era). UN Secretary General U Thant's pilgrimage to Lumbini in 1967 was taken as milestone in the history of Lumbini. The importance of Lumbini is so great that the Buddha himself advised his followers to make pilgrimage in Lumbini. He enshrined pilgrimage as an important act in the life of a practitioner (Kunwar, Ghimire, 2012).

Pilgrims visit Lumbini to reduce their mental tension and gain peace. It is the common destination for all, free from religion, race, sex and discrimination. Lumbini is a place of reverence for the peace-loving people as well as historical and archeological interest groups of people. Today Lumbini can be considered as a synonym of world peace center and a top class pilgrimage destination in the world (Kunwar, Ghimire, 2012).

While visiting Lumbini there is the possibility to follow the Buddhist Circuit Tour. The circuit provides insight into the life of Lord Buddha and the development of Buddhism. There are 62 archaeological sites scattered around Lumbini. The tour goes through Tilaurakot, Kudan, Gothihawa, Niglihawa, Sagarhawa, Aurorakot, Devadaha and Ramagrama, all bearing significance to the life and enlightenment of the Buddha (welcomenepal, 2012).

Today the site is being developed as a major international pilgrimage destination with the assistance of nations with Buddhist populations. Lumbini has been designated as the Fountain of World Peace and the Holiest Pilgrimage Center of Buddhists and peace-loving people of the world (NTB, 2012). More than 400,000 Buddhists and non-Buddhists visit Lumbini every year (welcomenepal, 2012). The city holds almost similar position with Mecca.

Millions of pilgrims and tourists visit Mecca; however, less than 100 thousands international tourists or pilgrims visit Lumbini every year (Kunwar, Ghimire, 2012, p.13) Tab.1.

Pashupatinath Temple

Pashupatinath is Lord Shiva – the God of Gods – this makes the Pashupatinath Temple one of the holiest temples of the world. Revered and worshipped by both Hindus and Buddhists, the temple has set a shining example of religious harmony. Situated 5 km west form the center of Kathmandu it symbolizes Nepal's national glory because of the openness to both religions and because of its belonging to the World Heritage (Pashupathi Area Development Trust). Pashupatinath signifies Lord of the animals; according to the Hindu beliefs Shiva created animals by assuming their posture (Krack, 2011).

Every year on the first day of the Hindu month Falgun (February-March), Mahashivaratri (Shiva's night) is celebrated with devotion, enthusiasm and jubilation as the greatest day of Lord Shiva. It is the most important religious occasion to worship and pray (Pashupathi Area Development Trust). This day is Shiva's birthday and hundred-thousands of religious people meet at the Pashupatinath temple for the ritual bath in the Bagmati River and to celebrate the god Shiva. Numerous groups of Indian pilgrims, many of them travelling by foot, are always present, together with Sadhus, which enjoy being the human manifestation of the Lord. When the darkness begins, the celebration comes to its peak; in earlier times the king used to make an appearance and ask the Lingam for protection of his country (Krack, 2011).

There are many other days which are celebrated as occasions of great festivity at the Pashupatinath Temple; two of them are the Teej (in the month of August) and Balachaturdashi (in the month of November). The first is celebrated by women only; they dress with their red Saris and wear their best jewelry. They observe an overnight vigil around the temple, singing, dancing and praying for a long life of their men. Some of them also go on a fast and take a ritual bath in the river. (Krack, 2011). The Balachaturdashi is the day on which men and women walk along a fixed track, scattering uncooked grains over it for the departed souls for their eternal peace of their family members who passed away early that year. The scattering of grains is basically a socio-religious ritual.

The Pashupathi Development Area, as UNESCO World Heritage Site, is a great attraction both for pilgrims and for other visitors. It is popularly known as an open living museum of Nepal. Situated on the banks of the holy river Bagmati, the Pashupatinath temple is also the place where Hindu funerals performed with their established long customary rituals take place (Pashupathi Area Development Trust). (Fig.1)

Changu Narayan Temple

The site of Changu Narayan (also known as Dola Sikhara, Garud Narayan and Dola Parvat) is revered as sacred location dating back to the Lichchhavi period (4th century) and is believed to be one of the valley's earliest settlement sites. It is situated on a small hillock northwest of Bhaktapur, on the highest spot of the Newar Changu town (1677 m). Revered by both Hindus and Buddhists, Changu Narayan (Fig.2) has been among the most venerated sites for worshippers of Lord Vishnu since early times and hence it is a very important pilgrimage site for the Vaishavas (NTB, 2012). The Changu Narayan temple is also inscribed in the UNESCO World Heritage list. From the temple one can experience a fascinating view over the Kathmandu Valley and its surroundings. (Fig.3)

Swayambhunath Mahachaitya

The Stupa (Fig.4) is situated atop a hill on the western fringe of the Kathmandu Valley. It is a very important and highly venerated Buddhist site, as well as a World Heritage Site. The Swayambhunath Mahachaitya symbolizes the body of the Buddha; with its semi-closed eyes overlooking the valley from all four directions, it is the most prominent monument and landmark of the valley. The place holds great cultural, historical and religious value for tourists and pilgrims (Buddhists as well as Hindus) from all over the world, along with the residents on the hillock (Bajracharya, 2011). Buddha Jayanti is Buddha's birthday which is celebrated in the month of May. The whole day thousands of pilgrims dance around the Stupa at the sound of Tibetan music (Krack, 2011).

Boudhanath Stupa

The great Stupa of Boudhanath is the principal center of Tibetan Buddhist worship in the Kathmandu Valley. It has long been a major destination for pilgrims from the Himalayas, Tibet and southeast and east Asia. It is one of the largest and most magnificent Buddhist monuments in the world. Lichchhavi King Manadeva I (reign 464-505 A.D.) is credited to have built this great stupa (NTB, 2012). The Boudhanath is situated 6 km northeast from the centre of the Kathmandu Valley. In the past, when the trade routes to central and western Tibet were fully open, traders, pilgrims and travelers sought blessing at the stupa for safe passage over the mountain passes and gave thanksgiving to it upon arrival in the Kathmandu Valley. The principal dawn and dusk rite of worship of the stupa is turning the Mani Wheels fixed in the surrounding wall in a clockwise direction (this is known as Kora) and reciting mantras of the deity of compassion. This is usually preceded and concluded by prayers to the three jewels and is said to be most effective at dawn or dusk on the 10th, 15th and final day of the lunar month and upon various specific auspicious festival days. It is during these occasions that Boudhanath is said to be truly alive.

Amongst the people who worship the stupa, the Tamang community forms the nuclear part. However, Tibetan refugees now form the numerically dominant and most active community of devotees. The Newars and the Sherpas are also a part of the many ethnic groups that keep this ancient site of worship alive and sacred today as it was centuries ago.

Various festivals are celebrated at the Boudhanath Stupa; some of them are Mamla Jatra (procession of the chariot of Majyazima, occurring on the full moon day of Magh), Losar (Tamangs', Sherpas' and Tibetans' new year, occurring in January-February), Temal Jatra (the day before full moon in March-April, gathering of Tamang communities especially from Temal, for the worship of their ancestors), Buddha Jayanti (celebration of Buddha's birthday, occurring on the full moon day of Baisak), Ropai Jatra (celebrated by Tamang and Newar communities on the full moon day of August), full moon and the 10th lunar day (also known as Tsebachu/Dashami) (Boudhanath Area Development Council).

Other pilgrimage sites in Nepal

In Khotang a venerated site of pilgrimage associated with both Buddhism and Hinduism is situated. It is associated with Mandarava and Padmasambhava who attained a state beyond life and death. The area is revered by Hindus as the abode of Shiva (NTB, 2012).

The Janaki temple, situated in Janakpur, is an important Hindu religious pilgrimage site. It is the birthplace of Janaki or Sita, the consort of Rama and hero of Epos Ramayana. The marriage anniversary of Lord Rama and Sita is solemnized in Janakpur every year on Vivah Panchmani day, which falls in December. This is one of the biggest festivals of this region, attended by hundreds and thousands of devotees from Nepal and India (NTB, 2012). Similar to a regular Hindu wedding, the figure of the groom is transported from the Rama temple to his future wife, waiting at the Janaki/Sita temple. The pilgrims glory the Sita, considering her the representation of a perfect wife (Krack, 2011). The birthday of Sita, known as Sita Jayanti, is also celebrated in a grand manner every year in the month of April-May. For the Janakpurites, Sita is their daughter (NTB, 2012).

Muktinath is also a very popular pilgrimage site within Nepal. Situated at an altitude of 3962 m above sea level in the Mustang district, the site is also known among the Hindus as Mukti Chhetra, or 'above of salvation'. The site is dedicated to Lord Vishnu which is worshipped by both Hindus and Buddhists.

Other known pilgrimage sites in Nepal are: the Balmiki Ashram in Chitwan, the Maratika Cave (also known as Haleshi), Baraha Kshetra in eastern Nepal, Devghat in the Chitwan district, Swarga Dwari in the Pyuthan district, Gosainkund in the Rasuwa district and Gadhi Mai in the woods of Bara.

HOLY MOUNT KALINCHOWK

The Holy Mount Kalinchowk is a little known and rarely visited tourism destination which lies in the eastern part of Nepal, northeast from Kathmandu. This unexplored and hidden destination is the less crowded and non-touristic trekking trail of the Rolwaling trekking region. This region is an isolated region, culturally close to Tibet and inhabited by little Sherpa communities.

The holy mount of the Shamans has an altitude of 3790 m above the sea level, which represents the highest within the surroundings. It hosts the most prominent Hindu temple which is called the 'Kalinchowk Bhagawati (Kali) temple' (Fig.5), dedicated to the goddess Kali, who represents Time and Change. The mount is a Hindu pilgrimage destination. Kalinchowk Bhagawti, the goddess, is the oldest and most powerful among her 8 sisters. The rest of them reside in the valley, alongside the rivers. According to the shamanic tradition, during the Nepali month of Shrawan (July-August), the Deotas (spirits) go on retreat for a month. On the full moon in the month of August they re-emerge from their retreat. The shamans visit the holy mountain to pay homage to the deities and ask for the power to protect their communities. Young shamans go there to become a fully-fledged shaman and get the blessings to carry out their shamanic duties. Many ordinary people go there as well to give thanks (mysticnepal, 2006-2013).

Being on the Kalinchowk one enjoys a breathtaking panorama that includes a wonderful view (Fig.6) of the Himalayan chain (some of the mountains that can be seen are Annapurna, Lamjung, Manaslu, Ganesh Himal, Shisha Panga, Langtang, Dorjee Lakpa, Jugal Himal, Amabamori, Gauri Shankar and Namburi Himal) and two natural springs which originate from the area: the Sundhara and Tama. Those are the main sources of the two very big rivers Sunkoshi and Tama Koshi. Along the trails a wonderful view of the Sunkoshi River impresses the tourists, together with the view of Kathmandu by night, which is available every evening when the sun goes down. On the mountain, depending on the season, one can also have the pleasure to discover Nepal's national rhododendron flowers and the national bird which is represented by the pheasant.

Different trekking tours are organized on the Kalinchowk; one of it starts from Barabise and follows to Kodari, which is on the border between Nepal and Tibet. Another one follows the trail from Barabise to Charikot. The best seasons for a trekking tour on the mountain are from February until May and from August until November. While following the Kalinchowk trekking tours one can come across some villages, mainly inhabited by Tamangs, Sherpas, and Brahmins. Before reaching the top, at 3312 m, a base camp is situated; here there is the possibility to socialize with local people and enjoy tasty meals which they prepare. The Kalinchowk trekking tours give the opportunity to familiarize with natural, cultural and social diversity; the routes are decorated with untouched nature, unspoiled culture and splendid scenarios of the Himalaya, all from the closest distance. The mountain's unique environment and rich bio-diversity makes the region one of the finest tourist destinations within Nepal.

CONCLUSION

In the year 1949 the first airplane landed in Nepal. In 1952 the first eastern tourists entered the country; at that time only one hotel was able to host them. In 1962 there were already 6179 people who visited the country, this number grew ten times in the following decade. Nepal's tourism peak was at the end of the 1990s, when approximately 500.000 tourists visited the country every year. During those years tourism was the most important economic income source. In the following years, during the Maoist war, most of the people were scared of entering the country. Since 2006, after the peace agreement and later the elections in 2008, the situation has begun to meliorate and tourists started again to visit Nepal. In 2010 the visitors' number was higher than 400.000. The year 2011 was promoted by the Nepal Tourism Board as 'Visit Nepal Year', in order to attract more tourists to the country (Krack, 2011, p. 137). As the situation described by Krack shows, tourism arrivals in Nepal grew from year to year. It can also be seen that the political situation influences strongly the inbound tourism, but that the recovery did not take a very long time.

Nepal is a developing country; this is a major reason for which it cannot compete with developed destinations such as Europe. Tourism struggles mainly because of the lack of time, awareness and resources. Changes should occur in a shorter time span and in a faster way; furthermore the country's inhabitants should be aware of the importance of tourism for their economy. On the other side, also the tourists should be aware of Nepal's economic and social situation, in a way that they do not spoil and ruin the already fragile situation. The lack of resources, especially money and finances is also a major issue to overcome in the development of tourism within the country.

The government is not always helping the touristic and domestic situation, especially in the case of Kali Gandaki, a well-known pilgrimage trek. "The Kali Gandaki trek used to be one of the most celebrated walks in the world" (McConnachie, 2012). Before the government started to build roads and highways on the Himalayas in order to reach more easily Tibet and China, "pilgrims would toil up to the shrine of Muktinath to pay homage at the natural gas flame there and the holy spring that trickles beneath it" (McConnachie, 2012). Today the newly built roads are not as safe as they should be, neither for drivers nor for pedestrians. For that reason most of the Indian pilgrims nowadays take a ride on a motorbike and only a few people still walk up the shrine.

This example shows clearly that not all the time infrastructure solves problems and is improved in the right way. There have been different other examples within Nepal where the wrong infrastructure is destroying important religious sites. "The increasing use of mechanical transport to pilgrim sites in the central Himalayas erodes the cultural notions that have underpinned the Himalayan pilgrimage for centuries" (Bleie, 2003).

Nepal is the country which has a unique and diverse living history and culture. It has been blending and carrying the history of thousands of years. The archeological remains, structures, temples, monasteries, stupas, legends, religious books, rituals, castes/ethnic groups and languages, festivals and the welcoming nature of Nepalese people are more than enough to prove its authenticity (Kunwar, Ghimire, 2012, p.1).

Pilgrimage tourism is a very important and strong developing point for the country of Nepal. There are numerous sites and attractions within the country which are already well known and visited. The potential is already there and it is mainly growing by itself, because of the religious meaning. It is significant however to apply strategies and different focuses in order to further develop the destinations and attract tourists to new and less developed areas as well.

It is hard to define weather pilgrimage should be considered as tourism or not and if it is actually moral to mix religion and spiritual thoughts to economy and make earning out of those kind of trips. Every culture and country has its own moral rules and different needs, it would be impossible to compare deeply the different situations and evaluate them objectively. Thinking in terms of development and earnings, pilgrimage needs to be considered a type of tourism. This can create better marketing strategies and a wider target audience which will then help the country's economy to grow.

REFERENCES

Bertinetti, A. L'uomo pellegrino nelle varie culture. *Il pellegrinaggio, fenomeno umano universal, nella sua dimensione storico-sociologica ed autenticamente religiosa.*

Bharati (1970): **Quoted in** Kunwar, R.R., Ghimire, H.L. (2012): Lumbini as International Pilgrimage Destination: Authenticity and Significance. *The Gaze Journal of Tourism and Hospitality*, **4** (1): 1-29.

Bleie, T. (2003): Pilgrim Tourism in the Central Himalayas. *Mountain Research and Development*, **23** (2):

Collins-Kreiner et al. (2006): Tourism, Heritage and Pilgrimage: The case of Haifa's Baha'y Gardens. *Journal of Heritage Tourism*, **1** (1): 32-50. **Quoted in** Kunwar, R.R., Ghimire, H.L. (2012): Lumbini as International Pilgrimage Destination: Authenticity and Significance. *The Gaze Journal of Tourism and Hospitality*, **4** (1): 1-29.

Ghimire, H.L. (2004): New Strategies for tourism marketing in Nepal. *Journal of Business Studies*, **2** (95): **Quoted in** Kunwar, R.R., Ghimire, H.L. (2012): Lumbini as International Pilgrimage Destination: Authenticity and Significance. *The Gaze Journal of Tourism and Hospitality*, **4** (1): 1-29.

Krack, R. (2011): *Nepal Kathmandu Valley*. (2nd ed.): Bielefeld, REISE KNOW-HOW.

Kunwar, R.R., Ghimire, H.L. (2012): Lumbini as International Pilgrimage Destination: Authenticity and Significance. *The Gaze Journal of Tourism and Hospitality*, **4** (1): 1-29.

Leed, E.J. (1991): *The mind of the traveler. From Gilgamesh to Global Tourism.* Bologna, Il Mulino.

McConnachie, J. (2012): New roads bring change and danger to Nepal. *BBC NEWS MAGAZINE*, 8 June 2012.

Mysticnepal (2006-2013): *Pilgrimmage to Kalinchowk - a deeply spiritual experience* [Internet]. Available from: <http://www.mysticnepal.org> [Accessed 25 April 2013].

Welcomenepal (2012): *Lumbini* [Internet]. Available from: < http://welcomenepal.com > [Accessed 25 April 2013].

Pilgrim. **Quoted in** McConnachie, J. (2012): New roads bring change and danger to Nepal. *BBC NEWS MAGAZINE*, 8 June 2012.

Sigh, R.P.B., Malville, J.M. (2011): **Quoted in** Kunwar, R.R., Ghimire, H.L. (2012): Lumbini as International Pilgrimage Destination: Authenticity and Significance. *The Gaze Journal of Tourism and Hospitality*, **4** (1): 1-29.

Szostak, J. (2007): Pilgrims' Process. **Quoted in** Kunwar, R.R., Ghimire, H.L. (2012): Lumbini as International Pilgrimage Destination: Authenticity and Significance. *The Gaze Journal of Tourism and Hospitality*, **4** (1): 1-29.

Wiederkehr, M. (2000): *Behold Your Life.* Notre Dame IN, Ave Maria Press.

Other sources:

Bajracharya, Y.M. (2011): *Swayambhu Mahachaitya.* Federation of Swayambhu Management and Conservation (FSMC):

Boudhanath Area Development Council (2012): *Boudhanath A World Heritage Site.*

Nepal Tourism Board (2011): *Lumbini, Nepal The Birth Place of Lord Buddha.*

Nepal Tourism Board (2012): *Cultural treasures of Nepal with special focus on Kathmandu Valley.*

Nepal Tourism Board (2012): *Natural treasures of Nepal.*

Pashupathi Area Development Trust. *Pashupathi Area Development Trust Governing Council.*

ANNEXES

Tab.1: International Tourist Arrivals in Lumbini (since 2000)

Year	Number of tourists	Growth rate %	Index
2000	14135	31.9	118
2001	10135	-28.3	84
2002	9036	-10.8	75
2003	28053	210.5	233
2004	37892	35.1	315
2005	39792	5.0	331
2006	49595	24.6	413
2007	71053	43.3	591
2008	82075	15.5	683

2009	82445	0.5	686
2010	99508	20.7	828
2011	128259	28.9	1067

Source: LDT, 2012 (Indian and domestic tourist/pilgrims are not included)

Fig.1: Pashupatinath Temple

Fig.2: Changu Narayan Temple

Fig.4: Swayambhunath Mahachaitya

Fig.5: Kali Temple on top of Kalinchowk

Source: Kathrin Steffan

Fig.6: View from Mount Kalinchowk

BHAKTAPUR - PRESERVATION AND DEVELOPMENT OF WORLD HERITAGE

Susanne Guidassoni, 2013

INTRODUCTION

Nepal is a country mostly known for the Himalaya range and, of course, the highest peak on earth, Mount Everest. There are travellers who keep coming back to explore the Himalayan mountains with their endless hiking trails and routes. For those people who are not that much into hiking and climbing, Nepal has another gem to offer: its culture and spiritual and religious lifestyle. A country that is home to 125 different ethnical groups who speak 124 different languages and follow a variety of different religions is naturally rich of culture and Nepal is a destination where a traveller can also experience this culture rather than just watching it. (Nepal Excursion 2013)

While western tourism destinations attract with modern architecture, skyscrapers and new inventions, Nepal offers a journey into a whole new world. It opens a world that is not defined by new inventions and stunning buildings but by its history and culture. When going to Nepal, you do not only go on a physical journey you also go on a mental one.

Apart from the wonderful nature and national parks this country has to offer, Nepal is also the country of many cities that have a wide selection of ancient temples, buildings and palaces. They provide an insight in the Buddhist and Hindu culture as well as the opportunity to experience history by visiting the country. Kathmandu Valley, the area around Kathmandu that formerly represented the country of Nepal, offers at least 130 important monuments and 7 UNESCO world heritage sites. The valley is home of three main cities, Kathmandu, Patan and Bhaktapur. (Nepal Excursion, 2013)

Bhaktapur, also known as Bhadgaon, is the third largest city in Kathmandu Valley and is located in the central east of Nepal. The city was established in the 8th century and is listed in the UNESCO World Heritage list since 1979 for being a "living heritage and mediaeval town of the Newars". It is known to be the cleanest and least polluted city in the country and its main businesses are in agriculture as well as weaving, metal crafts and stone carving. (Bhaktapur Municipality, 2012) A great part of Bhaktapur's inhabitants are farmers who have their fields outside of the city and live in town. (Nepal Excursion, 2013)

As one of the three biggest cities in the area, Bhaktapur used to be very rich and it is still famous for its many festivals. It is said that in Bhaktapur there are more festivals celebrated than there are days in a year. (Nepal Excursion, 2013) Bhaktapur is also famous for its yogurt and it is the only producer of the Dhaka topi which is Nepal's national hat. (Bhaktapur municipality, 2012)

Bhaktapur's monumental gem is Durbar Square, which was the seat of the Malla royalty until 1769 and which is home of various palaces, temples as well as Buddhist monasteries. Three more monumental centres of the city are Dattatreya Square, Pottery Square and Taumadhi Square. (Bhaktapur Municipality, 2012)

This paper will deal with the development in the city of Bhaktapur. The author will talk about some current problems concerning the shape of the city as well as damage that has been caused. Unfortunately, Kathmandu Valley as well as Bhaktapur is facing some serious problems concerning preservation of old buildings and culture. This paper will explain the problems as well as talk about possible solutions and ways to improve the situation.

PRESERVING BHAKTAPUR

Like every ancient city, the city of Bhaktapur has changed over the years. Buildings start to crumble and break down due to external factors like pollution through factories or people being careless as well as just due to the fact that the buildings degrade with age.

One of the reasons for the negative development in Bhaktapur and the whole Kathmandu Valley is the rapid growth of population. While the population growth between 1971 and 1981 was at 23.8%, it increased to 48.8% from 1991 to 2001. In this time also the number of houses has increased from 104.993 in 1979 to 345.562 in 2001 which means an increase of 200%. (Kraas, Gaese and Kyi, 2006)

In order to sustain the city and its monuments as they are now, a lot of preservation work needs to be done. The buildings need to be renovated, streets have to be repaired and, in general, the whole city needs to be revised. In the past 15 years, the municipality has already started to work on the preservation of the city. In fact, in the last seven years, 36 old ponds, 38 wells, 24 water spouts, 41 public inns, 37 temples, the city core lanes as well as streets and courtyards have been renovated, preserved or reconstructed. (Bhaktapur Municipality, 2012)

Unfortunately, the preservation process is a very expensive one and due to this the municipality is not able to reach the desired level. The government grant that can be used for preservation work is not even big enough to preserve one building per year, and the condition of the buildings keeps getting worse. The main problem in preserving the city's monuments is not the motivation of the municipality but the resources they are provided with. In the attempt of trying to raise enough money to be able to do as much preservation work as possible, the municipality had different methods. On one hand, they raised the taxes that the inhabitants had to pay in order to have a bigger budget. This is a very commonly used method for getting more money; however it is not possible to raise the taxes constantly. (Bhaktapur Municipality, 2012)

In order to get money from another source, it was decided to raise a tourist fee of $ 1 for preservation as well as to raise the entrance fee tourists pay for seeing the monuments. With this method, funds of $ 3.3 million could be raised. The municipality of Bhaktapur spends 70% of its budget on the conservation of art, culture and heritage as well as the cleanliness of the country which is quite a lot. Anyways, the city is so rich of monuments and historical places that a lot of money is needed in order to continue preservation. (Bhaktapur Municipality, 2012)

Bhaktapur has been facing some serious problems recently and the city is about to break down, to put it in a dramatic way. There need to be some solutions found in order to sustain the city as it is now and reconstruct the buildings and monuments that are already damaged.

There are different ways of preserving the city, both by the government, local people and organizations from outside. Two very ambitious and dedicated people from Bhaktapur are Rabindra Puri and Madhu Chitrakar, two local men who help the city in their way.

Rabindra Puri and his mission

Rabindra Puri is one of the Nepalese who use the knowledge they possess in order to help their country and make a change. Always being interested in art and architecture, Rabindra studied Law and Fine Arts after finishing high school. He then went for an exchange to Bremen, Germany where he finished his masters in Development Policy. Returning to Nepal, he had the chance to work for the Patan Museum where he learned a lot about preservation and restoration. After finishing his master he worked for the GTZ (German Technical Cooperation). (Nepal Excursion, 2013)

Soon Rabindra figured out that he wanted to preserve buildings. He felt a strong emotional connection when he saw old buildings being torn down and so he decided to act. He quit his job and bought an old farm house in Bhaktapur, against all good reason with the plan of preserving it. Even though many people called him crazy and he did not get any help or financial support by the government, he succeeded. The house, it is called Namuna Ghar, is a model house for his work. Today it is open to the public and can be visited by people interested in Rabindra's work. What makes Rabindra's techniques and working policy special is that he does not renovate but restore the buildings. He tried to build up the house in traditional style, making them modern at the same time. As far as possible, he uses material from the region of Kathmandu Valley to make his work as authentic as possible. (Nepal Excursion, 2013)

Namuna Ghar was so successful that Rabindra was awarded with the Asia Pacific Cultural Heritage Award in 2004 - as the first person from Nepal ever. This helped him with getting the attention of the local people and government of Bhaktapur. He got the support of many people and also soon got other orders. Rabindra has been constructing and renovating buildings ever since then. He worked mainly in Bhaktapur but also had some projects outside. One example is the village Zanga where he constructed a whole village. (Nepal Excursion, 2013)

Rabindra also spent one and a half years to reconstruct his own house which he bought for 7000 € and then renovated for 1500 €. His long term goal is to have the whole city of Bhaktapur renovated in traditional style by 2030. The community stands behind this goals and helps by giving him orders. This way he can finish one building a year. (Nepal Excursion, 2013)

While his reconstruction work has started with 20 people at the first project he is now working with a team of 222. He could easily employ more people; the problem is that there are not sufficient trained workers in the area. As Rabindra had so many orders coming in he did not let his customers wait but decided to solve the problem of having not enough workforce by developing a training program. While locals were first simply just impressed by the idea of having a job opportunity they soon started to get interested in the work of preservation and building. Rabindra founded a school that offers one-year-training programmes for the professions bricklayer, carpenter, stone carver and metal worker. Due to his training program, young people get the opportunity to learn a profession which leads to faster realisation of Rabindras project of preserving and reconstructing Bhaktapur. (Nepal Excursion, 2013)

Madhu Chitrakar – A man preserving a tradition

Madhu Krishna Chitrakar (his name means "painting" and "karma") is a powder painter in Bhaktapur. Powder painting has been a tradition in his family for many generations and as he believes that it is his karma to keep up this profession, he now owns a small painters shop in Bhaktapur where he performs his artwork and teaches his daughter as well as other students. Madhu Chitrakar started painting as a child and did his first professional tries on cotton at the age of 16. (Nepal Excursion, 2013)

During the excursion he explained the principles of painting mandalas. A mandala is a complex painting consisting of very different symbols. In the Nepali culture it is a symbol for life and the society and it can teach a lot about life and how to live it. By having his paint shop and also teaching others his techniques he plays an important role in preserving a part of Nepal's old culture and traditions.

PRESERVATION AND DEVELOPMENT

People like Madhu Chitrakar and Rabindra Puri are the ones who keep working on the preservation of the city of Bhaktapur and its culture and buildings. There is some enthusiasm coming from the local people and there are various projects going on which will help with preserving the city.

One of the biggest problems is the lack of money. Money is an important resource which is needed in order to make long-lasting changes in the state of Bhaktapur's buildings and infrastructure. While the idea of renovating houses in traditional style like Rabindra Puri does it was immediately liked by the locals, still only the richer people can afford to have their house renovated.

Kraas, Gaese and Kyi (2006) state that in the process of urbanization of the country many old buildings were beaten down in order to make room for new and modern architecture. Unfortunately not everybody thinks like Mr Puri and as building new houses is mostly also cheaper than renovating or restoring old ones; this has also led to a decrease of traditional buildings. However, the situation in Bhaktapur is not entirely bad. The whole city centre is in a fairly good state as it was renovated in the 1980 with the help of a German financial aid and German technology (Kraas, Gaese and Kyi, 2006).

Bhaktapur is only a small but very positive example of the whole situation in Kathmandu Valley. In 2003 the protected area of Kathmandu Valley was put on the list of "World Heritage in Danger" by UNSESCO by the reasons of a loss of authenticity and the threat of uncontrolled development. In order to work against this threat of destruction, an action plan was developed that included activities targeting "legislative improvement, management coordination, capacity-building, community awareness-raising and identification of operational projects. (Kraas, Gaese and Kyi, 2006)

In 1987 the International Council of Monuments and Sites (ICOMOS) published the Charter of the Conservation of Historic Towns and Urban Areas which tells principles and aims that should be taken into account in the process of preserving Kathmandu Valley. According to Kraas, Gaese and Kyi (2006) some of the principles are:

- Preservation of the historic ground plan and the historic buildings of the settlement/urban centres as urban heritage

- Preservation of the historic monuments threatened by dilapidation
- Preservation of the formal appearance, interior and exterior, of buildings, as defined by scale, size, style, construction, materials, colour and decoration
- Closing of gap sites with buildings true to the scale of surrounding houses
- Creation of a mixture of housing, tourism and trade
- Improvement of the streets and public squares, raising of the attractiveness of the historic centre
- preservation of the place's character

Clearly, the problem with the preservation of Bhaktapur Heritage is not necessarily a lack of enthusiasm but a lack of resources. While there have already been done some projects to raise money, as mentioned earlier it still is not enough. One way to gain more money and thus be able to preserve the city long-term is finding a way to get a constant income for the city. A possible sector for this is tourism.

TOURISM IN BHAKTAPUR

Despite its richness of cultural monuments, only about 40% of the people who go the Kathmandu Valley also visit Bhaktapur. As the city is so close to Kathmandu, it is ideal for a daytrip from the capital which leads to many tourists during the day but little overnight stays. However, there are various reasons to stay in Bhaktapur rather than any other place. Compared to Kathmandu, the city is way cleaner and more quiet which increases the quality of your stay. Also Bhaktapur lies strategically close to many other tourist attractions such as Nagarkot which makes it an attractive place to stay overnight. (Shahi, 2012)

According to Shahi (2012) the major part of accommodation establishments are of small size (up to 15 rooms). They also state that most of the bigger establishments are resistant to seasonality and have a 75% occupancy rate even during slack season. Many hotels have well working business relationships with tour operators in Kathmandu and it is common to lower the prices during slack season in order to attract more guests. Tourists in Bhaktapur stay for an average of 1.63 days with tourists staying in bigger establishment generally staying for a shorter period of time but spending more money. Mostly, tourists book the room without any boarding as they prefer to eat outside the hotel. An average tourist spends about 1500 rupees extra per visit. (Shahi, 2012)

It can be seen that there is quite a bit of tourism in Bhaktapur which also equals an income of money. Shahi (2012) explains the detailed distribution of revenue earned through tourism:

- 66% of expenses of non-food items remain in Bhaktapur, 33% go to Kathmandu Valley and 1% to the rest of Nepal
- 49% of total expenses of the establishments of the Bhaktapur durbar Square goes to Kathmandu while Bhaktapur receives 47%
- Food expenses are major contributors to the local economy
- The establishments contribute with a total of 15.63.766 rupees per accommodation to the local economy of Bhaktapur. The major share of this amount is generated through purchase of food items, 2% come from wages of local staff and 15% is contributed by the purchase of non-food items.

Tourism is an important sector also in Nepal and it is one of the major earning sources for the local economy. As the whole country of Nepal is not very developed yet, there could be done way more if tourism was better developed. In the last years, the municipality has already been trying to make Bhaktapur more popular in the World Tourism Market. One example of how they did that is the Bhaktapur festival that is held every year since 1997. (Bhaktapur Municipality, 2012)

Other ways to generate more income through tourism is by using local products. As the majority of the income made is generated through food and beverage products, a way to make more money is offering local products and thus decreasing import costs as well as supporting local farmers and businesses. (Shahi, 2012)

CONCLUSION

The topic of preservation and development of Bhaktapur World Heritage is not a new one and it will be dealt with in the future as well. As it was seen in the previous pages, the problem of Bhaktapur is a very complex one. A country as Nepal that is as poor and less developed already has to deal with problems like poverty, homeless people and a lack of resources that the preservation of buildings seems less important in comparison. However, the country is beginning to break down as building crumble and streets are getting in a worse and worse condition. As parts of the Kathmandu Valley have already been added to the list of "World Heritage in Danger" by UNESCO because of their bad condition one can clearly see that the problem cannot be neglected or postponed. In its development process the country of Nepal needs to focus not only on progress but also on preservation. Progress is moving so fast nowadays that many countries who are developed and globalized start losing their individuality and their culture. Especially with a country like Nepal, that is rich of tradition and known for its culture it is important to maintain these traditions while developing the country.

Men like Rabindra Puri and Madhu Chitrakar have already found out this principle and therefore have taken their part in the preservation of their city and country. Especially Rabindra does his contribution by first renovating houses in traditional style and second also training other people to do so. His handicraft school is leading to more trained people who can work of his mission, which means that more work can be done and more houses can be renovated in a shorter time period. Madhu is helping the preservation process by teaching his techniques to his children and thus keeping the tradition alive. With people working like this there can be real preservation work done while the country and city are still being developed.

As mentioned before, money is a big problem in the process of preservation and development. No construction or renovation can be done without financial contribution. The paper already listed a few ways to gain financial resources, some of which have been done already. Examples are the tourist fee that is charged for people who enter the city or the rise in taxes. However, a long-term solution is needed in order to gain enough money lastingly. One possible solution to this is tourism.

While tourism does exist in Bhaktapur, it is still not very developed and there could be done way more. As discussed earlier, most of the tourists that visit Bhaktapur only stay for a short period of time, some even come for a daytrip only and do not stay overnight. As Kathmandu, the capital is only about 12 km away; it is convenient for many to just day there. Further, Bhaktapur is not that big as a city therefore there is not that much to see which would make a longer stay necessary. However, the city's location is perfect for people who want to explore the surrounding areas.

In order to attract more guests and also make them stay longer in the city there has to be some marketing done. If for example a tour package is developed that offers a few overnight stays in Bhaktapur combined with excursions to surrounding attraction this would maybe attract guests who otherwise would have stayed in Kathmandu. Nepal as a tourism destination is not that developed though yet which is why it will take a while until those ideas will be made into actions.

In order to achieve long term and sustainable conservation, the country must not only rely on tourism but also work on other ideas. While tourism is a good way to raise money to work on damaged infrastructure, another way of approaching the problem is dealing with the circumstances that cause the monuments to be destroyed so fast. One example for this phenomenon are factories like carpet factories that are located in Kathmandu Valley and that produce a lot of air pollution which destroys the nature and pollute the environment. Factories like this need to be relocated outside the Valley so that the precious monuments inside won't be destroyed.

The most important thing, however, is collaboration. One city within Nepal can hardly cause any change which is why the whole country needs to work together in order to preserve Nepal and Kathmandu Valley for the future. The government needs to establish rules and regulations for factories as well as tourists that have an effect on the condition of the country's monumental gems. Further, it is important that the whole country follows the plan as only this way real change can be achieved. Financial aid from other countries or sponsors is very helpful and needed but the biggest part of the preservation plan needs to come from the region itself.

REFERENCES

Bhaktapur Municipality (2012): Retrieved from: http://bkt-municipality.gov.np/index.php

Kraas, F, Gaese, H and Kyi, M (2006) *Megacity Yangon: Transformation processes and modern developments.* Ladenburg, LIT Verlag Berlin, pp. 109 – 123.

Nepal Excursion (2013): Excursion with Salzburg University of Applied Sciences and Dr. Kurt Luger in February 2013. Information is taken from different interviews and guided tours during the excursion.

Shahi, B. (2012): *Impact of Tourism in the Local Economy of Bhaktapur.* retrieved from: http://www.nepjol.info/index.php/NTDR/article/view/7383/5987

ANNEX

This sign at the entrance of Bhaktapur city explains the use of the entrance fee for tourists. There is an entrance fee of Rs 1100 for Non SAARC people (all except: India, Pakistan, Bangladesh, Srilanka, Bhutan, Maledives and Afghanistan).

Old men sitting on an old wall in Bhaktapur

The certificate of UNESCO next to Newspaper articles in Namuna Ghar, Rabindra Puri's first project.

The workshop of Madhu Chitrakar

An appeal at locals and visitors to keep the city clean

HEALTH CARE IN NEPAL – DHULIKHEL HOSPITAL
Vera Bogenperger, 2012

INTRODUCTION
Nepal is a country with approximately 30 million inhabitants. It is landlocked between its neighbouring nations India and China. In the past, the country has continuously experienced serious political instabilities. An aspect that has suffered as a consequence of changing political leaders was the health care system.

> *As a result of poverty and very limited access to health services, the numbers concerning health in Nepal are amongst the worst in Asia. Not only the poverty but also the lack of basic (!) infrastructures has become a major cause for health issues. Nationwide there is one doctor per 16,800 inhabitants and one hospital per 162,000 inhabitants.* (Manandhar quoted in Lundy & Janes, 2001, p. 379)

On top of the political instability, Nepal's mountainous character represents a challenge. As much as its landscape has shaped the image and tourism, it is a big disadvantage when it comes to the health care. Accessibility is probably one of the most significant challenges the nation has to overcome to guarantee widely spread health support. Low life expectancy, high infant and maternal mortality are other problems which need to be solved. According to the World Bank (Statistics, 2012), life expectancy of Nepal is still amongst the lowest in Asia.

PUBLIC AND PRIVATE HEALTH CARE IN NEPAL
Despite all the difficulties, Nepal also disposes not only of a private health care system but also public health care to cover basic issues.

Nepal started its public health care system at the end of the 19th century with the National Health Policy in 1891, which aims at extending primary health care through improved infrastructure, community participation and decentralized management. About 50 years later (1955) there were already 34 small hospitals with 620 beds all over the country (personal communication, May 2012). On top of that, in the same year, a large-scale malaria control program was launched. This was followed by a similar project focusing on Tuberculosis and its prevention. Shortly after that, the first Family Planning and Maternal Health Board was founded. Finally in 1971, a Basic Health Service Division was added to the governmental Health Department in order to provide health service to as many people as possible (personal communication, May 2012). The formal health sector is organized by the MOH (Ministry of Health) which represents the largest single provider for health services and has been specifically established to provide a fully integrated public health system with an emphasis on prevention (personal communication, May 2012).

On top of that, Public Health Offices were established in most of the districts. Their main focus is put on the supervision and monitoring of health institutions. However, most rural health clinics, drug outlets and health spots available today, have been established with donations and support of international Non-Governmental-Organisations (NGOs). The Nepal Social Welfare Council estimates that a total of 230 health centres, which account for 24% of all, mostly rural, health facilities are operated and managed by NGOs. On top of that, the quality of their services is widely perceived to be higher than those provided by the public facilities.

Apart from the public health care, which is provided by municipality, state government, development committees or local bodies, there are also private insurances and health care providers such as private organizations or hospitals. Also, traditional healers are seen as an essential source of consultation by the Nepali people. They feel more comfortable there to bring any health issues forward which might arise. Their trust in and reliability on alternative methods is a lot higher compared to the Western world (personal communication, May 2012). On top of that, the healers are often the only possible source of Health Care due to their proximity to very small and remote villages, even in the for the public authorities inaccessible Himalaya regions (due to the mountainous landscape and socio-cultural differences).

Based on a public expenditure review of the health sector carried out by the government of Nepal (2003-2006) during 1999 and 2002 public funding in health care increased from US$ 3.5 per capita to US$ 5.1. However, still slightly more than 50% of all money available to the health sector, is coming from external sources. The governmental funding in health care for rural areas is decreasing. Nepal spends 5.6% of the GDP on health care. Yet, the efficiency and effectiveness needs to be improved while reducing the costs and improving the outcomes.

NGOs' contribution to the total health expenditures has increased over the past years. Without the external support the striking improvements would not have been reached in such a short period of time. In 2006, their expenditures accounted for 17% of the total health expenditures (€ 320 million) whereas 10 years earlier their contribution was only above 2% (WHO; 2012).

Problems and challenges within the health system
Nepal today faces a number of public health challenges - poor access to treatment, low life expectancy, high infant and child mortality rate, and vulnerability to many communicable diseases. Critical health problems persist such as widespread childhood malnutrition, high rates of maternal mortality and persisting burdens of tuberculosis, malaria and HIV/AIDS.
The problems associated with public health in Nepal are also major obstacles to social and economic development and contribute to the instability of the society as a whole and therefore need to be handled.
Especially for the rural population, the basic aspects of health, such as safe drinking water, secure housing and disparities in the distribution of social, economic and educational factors, have been the major barriers to health and well-being.

Life expectancy
The life expectancy of Nepal is still amongst the lowest in Asia. A child being born in 2012 in Nepal will reach an average age of 64 years (in Austria it would live 14 years longer on average). In 1960, this rate was still at a low of 38 years (World Bank Statistics, 2012). This highlights the steep upwards trend during the past years but still the importance of continuous improvement of the health system in the future.

Maternal and infant mortality
The maternal mortality rate represents one of the biggest issues within the Nepali health system. The Infant Mortality Rate is estimated to be 74 deaths per 1000 children born. A concrete number cannot be named due to the lack of records. According to UNICEF (basic indicators, 2010), 281 women out of 100,000 die during or right after childbirth. This rate is amongst the highest in the world with statistically one woman dying every four hours as a

result of complications during child delivery. The major challenge is to ensure that all women and new-borns are provided with adequate care not only throughout the pregnancy and during childbirth but also post-natal, by skilled birth attendants and staff (personal communication, 2012).

Hospitals like the Dhulikhel Hospital started initiatives where they try to work against the high death ratio by attracting more women for an "in-house-delivery". According to CBS Nepal, (Dangi, Chapter 9) "only 13% of all deliveries were accompanied by medically trained personnel in a year". The hospital's attempt to achieve this by giving out incentives such as financial support, post-natal check-ups, or first sets of clothing for the newly born has still to show its effectiveness (personal communication, 2012).

Water supply and sanitation

According to the living standards survey report conducted in 2003/2004 by the WHO, only 14% of all Nepali households had access to piped water[6] supply within their houses and 30% outside their houses. The remaining 56% depended on wells, rivers, streams and ponds. Urban areas have better access to safe drinking water (68%) as compared to rural areas (39%). The piped water facilities were available to 33% of all urban households in 1995/96 as compared to 44% in 2003/04 (WHO, 2003/2004). The overall coverage of households with basic sanitation remains very low (12%). These households are particularly concentrated in urban areas (54%). Toilets or similar facilities are accessible by 39% of the households (WHO, 2003/2004).

The Nepali government now tries to implement a strategy to integrate sanitation with water supply, promotion and utilization of local knowledge, skills, resources and low-cost technology. Local bodies, user groups, NGOs are also involved in the operation, repair and maintenance jobs. Small-scale drinking water projects are handed over to local communities after the development phase (personal communication, 2012). However, the major challenge remains: the lack of resources and weak cost recovery. Besides, rapid urbanization, pollution of surface water, diminishing spring water sources and high leakage rate[7] are some of the other problems.

Malnutrition

Malnutrition among children, teens and women is still a serious public health problem in Nepal. According to the WHO (statistics 2010), about half of under-five year old children are affected. About 48% of all children are underweight and 4.8% suffer from acute malnutrition and 5.4% do not receive enough Vitamin A and iron. The food availability is still unevenly distributed particularly within the mountain regions.

Communicable diseases

Though some communicable diseases show a decline, effective control and prevention of epidemic, tropical diseases has been unsuccessful with a huge effect to the poor and rural population. Malaria remains a public health problem. Rabies, Lymphatic and Japanese encephalitis still lead to a considerable number of deaths which can be avoided with prevention and education. An increasing number of diabetes, hypertension and cancer have also been observed amongst the population (personal communication, 2012).

Emerging disease such as avian influenza and HIV/ AIDS are also turning into a problem as the infection rates are increasing with the potential of turning into a generalized epidemic. Currently 64 people out of 1000 have been diagnosed with an HIV/ AIDS infection. Mostly,

---

[6] Piped water is considered as a safe source of water.
[7] about 38% of all usable water is being lost due to old or leaking pipes (WHO, 2003/2004)

however, it is not treated or registered not only due to the low level of education and lack of awareness concerning this topic but also of the fear of more gender discrimination. Uterine prolapse is another major issue in rural communities based on discrimination. Women return to work almost immediately after delivery because they are too ashamed to come forward for medical help due to the social stigma attached to such an intimate condition (personal communication, 2012).

Accessibility and inequality

In general, only 65% of the population in rural areas have access to a public health facility and are within one hour of a health centre. Only one person out of ten is within the reach[8] of a hospital (personal communication, 2012). Also the quality gap of health services between the rich and poor is ubiquitous and evitable. As an example a wealthy woman receives 11 times more professional attendance and three times more antenatal care than her poor counterpart. Children under two being born into the poor parts of society receive only half of all vaccinations than a child from a financially well situated family (personal communication, 2012). Despite the efforts done by the government to address development strategies for the improvement of equality, the health gaps between rich and poor remain very significant.

Future steps

The Ministry of Health has developed a 20-year SLTHP (second long-term health plan) for 2054-2074. The aim of the SLTHP is to guide the development of the health sector by improving the health of the population, particularly of those whose health needs are not often met.

The SLTHP addresses disparities in healthcare, assuring gender sensitivity and equitable community access to quality health service and aims at a system with equal access and quality services in both rural and urban areas. The system encompasses the concepts of sustainability, full community participation, decentralization, effective and efficient management, and private and NGO participation. The government, especially the line ministries concerned with health, must find a way to start focusing on immediate specific measures. Efforts should be made to build on the potential power and solidarity of the communities to effectively address public health issues. Equally important is to strengthen leadership and human resources development, including a particular emphasis on involving the youth in health campaigns and improving their knowledge and awareness. Furthermore, the authorities should find an integrated, comprehensive approach to primary health care to further continue the upwards trend in the health care system.

A very good example for prevention through education especially for the youths, as well as innovative approaches towards health care is given by the Dhulikhel Hospital.

CASE STUDY DHULIKHEL HOSPITAL

The Dhulikhel Hospital is an independent, non-governmental institution which is supported by the Dhulikhel Community, the Municipality and NepaliMed. It aims at providing not only primary health care but also quality health service especially to the less privileged within the community. The entire project was supported by donations such as land, money, services, and equipment (Dhulikhel Hospital, 2012). The hospital is also a teaching hospital of the Kathmandu University, with which they have a close partnership.

---

[8] within one hour

The hospital provides cost effective and quality health care services through its trained staff. It believes that quality service does not need to be expensive and limited to those who can afford it but also for those who may need it but cannot afford it and therefore suffer or in the worst case die (personal communication Dr. Shrestha, 2012). Especially considering that the private household out-of-pocket expenditures remain the primary source of expenditures.

History and description

When this hospital was founded in 1996 it had only 16 beds available to its patients. As it has been steadily growing into the health centre of high quality health care it is today, the number of beds increased to 317 in 2012 (personal communication, 2012). Today an average room holds between 6 and 14 beds. A similar development could be seen with the level of staff. It initially started with 16 staff and today 714 people are employed by the hospital, 120 of them being doctors. Annually it has 17,000 surgeries and 500.000 treatments "which is an example that it pays off to stick to a long-term project and if you believe in the possibility of a change – it can work. If you just believe in yourself and your ideas – everything can work – even in Nepal!" emphasized Dr. Shrestha (personal communication, 2012). However, of the 17,000 surgeries, 50% are really acute and severe; the other 50% of all patients come too late. A reason for this can be that 95% of the population will probably never see a hospital from the inside because many people only believe and trust in traditional medicine. They usually only come to the hospital if the traditional medicine or anything else has already failed (personal communication Dr. Shrestha, 2012).

In general, the Dhulikhel Hospital is a non-governmental hospital which does not aim at profit. If it does have a surplus in revenues at the end of a fiscal year, the money is directly given back to the community. Almost all the equipment has been donated by hospitals in Europe, which directly transfer the replaced materials to Nepal (Dhulikhel Hospital, 2012).

The hospital's catchment area is very big and reaches about 2.5 million people in its surrounding districts, such as Dolakha, Kathmandu, Lalitpur, Bhaktapur. Yet it has already treated people from 60 out of the 75 districts in Nepal (personal communication Dr. Shrestha, 2012). Numerous tourists were also amongst the patients.

According to Dr. Shrestha (personal communication, 2012) the Dhulikhel Hospital is an essential part of today's health care in Nepal because

- It is the first hospital in Nepal with a sound and hygienic cleaning facility which is done in-house. In numbers this stands for approximately 800 kg laundry every day.
- It is the biggest medical centre in Nepal and "produces more doctors and medical staff than the government – more than 1000 per year" (personal communication Dr. Shrestha, 2012).
- It partners with the University of Kathmandu which is situated closed to and partially on premises of the hospital. Also international students can do 3-4 week long internships to enhance the knowledge exchange.
- It will soon open a new practical lab which will be used by about 900 of the students to have a hands-on experience.
- It has quite advanced technology for Nepali terms and most areas of the hospital's premises are wheelchair friendly.
- It has also taken lead in various academic programs related to the health sciences and aims to excel in this field of education, innovation and human resources development. When it came to the set-up of the partnership with the university Dr. Shrestha (personal communication, 2012) followed his motto "if you invest, then

invest time in education and training of the youth because they are the generation which has time and willingness to learn".

- It has received the highest recognition for social services the "Tulsimehar Award" by the Government of Nepal as an appreciation for its exemplary work in the social sector.

Dr. Ram Shresta – personal commitment

Dr. Ram Shrestha, Doctor and Manager of Dhulikhel Hospital, was born in Dhulikhel in the Kathmandu Valley as a farmer's son in the strict caste system of Nepal. The deaths of his mother after the birth of her 7th child changed his live significantly. At the age of ten, he took the decision that he wanted to become a doctor when he has grown up. Thus, in school and university, he was an outstanding student and graduated amongst the Top10 students of Nepal. Therefore he was granted a scholarship and decided to study at the University of Vienna, where he got his medical degree in the shortest amount of time possible without speaking a word of German in the beginning. After he finished his degree he continued with a surgeons training at the hospital in Feldkirch, Austria.

As a surgeon he could have lived a life in Europe but his desire to help the people in his home country was more pulling. He wanted to help those who needed it the most and he started spreading his idea amongst his colleagues. His dream was to build a modern hospital in Nepal. He wanted to develop a project that does not bring the natural environment at risk, or destroys cultural heritages but does introduce modern and science-based practices in a hospital that can offer the community a high-quality health services. Soon the project became more than just a dream and it was to be realized. Start-up capital was provided by many individuals in Europe and NepaliMed-Austria. Also in Nepal people wanted to help but did not have the money to give. A number of local inhabitants, mostly Nepali farmers, donated some of their land to Dr. Shrestha for his project. After only a 4-year planning and construction phase, the hospital was officially opened by King Birendra Bikram Shah Dev of Nepal Bi on December 9th, 1996 (Dhulikhel Hospital, 2012).

NepaliMed, one of the supporting organisations, can be found in several European countries. It was involved in the foundation of the hospital and is now a supporting factor by delivering equipment and providing financial resources as well as education with money collected from investors and donations (Nepalimed, 2012). Their main objectives are to support medical health stations in Nepal by performing activities that are beneficial to these medical heath stations in any way.

Hospital Services

Through the international support and the ambitions of its director, the hospital can provide a wide ranging and diverse medical facilities. The most important departments and offers, according to the hospitals website (Dhulikhel, 2012) are as follows:

- *Surgery facilities and rooms, Anaesthesia:* 15-30 surgeries are carried out on a daily basis in the four surgery rooms of the hospital
- *Internal Medicine:* providing Intensive Care facilities, cardiac assessments, and endoscopy
- *Obstetrics & Gynaecology:* about 2000 babies are delivered annually in the Dhulikhel Hospital. Currently, a boarding centre is being built which will provide mothers with alternative methods of delivery such as underwater delivery, ventouse delivery. Until now, the two methods mainly applied in Nepal are normal delivery and C-section. As already mentioned in 3.2, the mortality rate in Nepal is surpassingly high. According

to Prof. Dr. Shrestha (personal communication, 2012) this is due to the "lack of prevention because most people prefer a home-birth and do not come to the hospital because it is often too expensive or too far away. A home-delivery is just more convenient even though it is a lot more dangerous." After a delivery, the Dhulikhel Hospital provides anti-natal check-ups within the first three months. The hospital has started initiatives to attract more women for a delivery within the safe environment of a hospital by charging a low price and implementing other motivating factors such as a first set of clothing for the baby. A normal delivery costs approximately 3000-4000 Rupees, a C-section 8000 Rupees (personal communication Dr. Shrestha, 2012). However, to make it affordable for everyone, there is also the possibility of applying for a charity program and financial support. If the transport to the hospital is not possible anymore there are also midwives in the rural areas.

- *Paediatrics* which includes Neonatal Nursery and Intensive Care with numerous incubators. The mothers can visit their babies any time they want and are required to come every two hours for breastfeeding to ensure a healthy mother-baby bonding (personal communication, 2012). The department treats children up to the age of 14 years. They have 18 beds available, each wide enough to give the mothers the chance of staying with their child during its stay. The average length of stay is two to three days depending on the disease. The most common ones are meningitis, pneumonia and respiratory tract infections. If the children have meningitis or tuberculosis, they are separated from the others (personal communication).
- *Psychiatry* including post-consultation facilities, emergency services for suicidal or abused patients
- *Physiotherapy*: treatments are offered for traumatology and orthopaedics, musculoskeletal or neurological problems, as well as post-natal exercises
- *Biochemistry* enables the hospital of in-house research and qualitative and quantitative analysis of body fluids, enzymes, hormones and tumours
- *Emergency Rooms*
- *Ophthalmology* which provides various eye care services and is involved in academic research activities
- *Dental* provide aesthetic fillings, crowns, fixed prosthesis or implants and braces. They treat about 55-60 patients per day, which according to an employee of the hospital "is still a low number but this can be traced back to the fact that teeth are not seen as important amongst the population. They rather spend their money on other, in their eyes more essential treatments" (personal communication, 2012). The hospital has 13 specialized dentists which is valuable because even in dental clinics it is not a guarantee that they have a studied dentist. In the entire country there are only about 25 dental clinics - the most being found in Kathmandu.

All these services are available 24 hours 7 days including emergency treatments.

They also offer outreach health services such as mobile blood donation, rural health clinics, preventive and basic curative services. These centres have been established all over the country because many patients just cannot come to the hospital because it is too expensive and too time consuming for them. Dr. Shresta (personal communication, 2012) is of the opinion that "Health is a package – without environment, education and training it cannot work. If people are hungry, they do not care if something is clean or safe as long as it is food or water."

Aims and supportive programs

The main aim of the Dhulikhel Hospital is prevention. They follow the motto "we like to prevent rather than cure" (Dhulikhel Hospital, 2012).

> *Based on that, we founded the Department of Community Programs in cooperation with the Kathmandu University to educate the importance of sanitation, hygiene, women's health, and diseases. There our staffs coordinate many teaching programs designed to improve the standard of living.* (Shrestha, personal communication, 2012)

The Department of Community Programs runs all year long. It includes a plantation program of trees around schools and villages as well as first aid training, hygiene and sanitation teaching for school children, awareness programs for women on cervical and breast cancer and mental health awareness programs for both women and school children. (Dhulikhel Hospital, 2012)

The Department also developed a micro-finance program where women in rural communities receive financial assistance in order to gain stability and independence in the long run. The program provides them with micro credits to purchase animals for farming or for starting small businesses. Also, they provide women and their children within the hospital's outreach with a special insurance program, where they can seek professional, basic health care for 50 Rupees per months (personal communication, Dr. Shresta, 2012). That should overcome the fact that low-income families often cannot afford going to a hospital for treatment.

Future Plans

Currently there are several extension constructions going on at the land of the hospital. A new practical lab, a new ambulance, new dental department and a new auditorium for the students are being built. Since 2006 the hospital is also functioning as a teaching hospital and therefore needs more facilities appropriate for teaching. On top of that, the board wants to further extend the reach to rural areas and communities by providing them comprehensive health care services, supported by some of the already existing health centres such as Dhading or Kavre.

However, when it comes down to the core of the business the biggest problem is always the lack of money. Especially in medical treatments and machinery investments are necessary. According to Dr. Shrestha (personal communication, 2012) the hospital would desperately need a CT because they have to send on average 12-20 patient each day to Kathmandu for a scan. This is often not possible due to the lack of financial resources. Just the transport itself is regularly an unaffordable burden for many patients as it costs 30 € (~ 3000 Rupees) to Kathmandu. The CT itself then costs again another 60 € (~6000 Rupees) which is just not possible for most of the patients. Thus it would be very helpful if at least the transport costs could be saved."

Time will show how long Dr. Shrestha needs to achieve this next level. Based on his success in the past the new expanded hospital will be another step in the direction towards his aim to make health care accessible for everybody.

CONCLUSION

Despite people like Dr. Shrestha, Nepal still has a far way to go until it has a functioning and accessible health care system. At the prevention stage there are probably two main problems which need to be tackled to ensure a healthier population. First, improved (water) pipe systems throughout the country are necessary to guarantee clean and safe drinking water for the majority of the people. If there is already water available, efficient water usage has to be thought. Workshops held by experienced specialists would help. Therefore specialists who know the Nepali mentality and know how to reach the people have to be selected.

Generally the infrastructure is in need for major improvements - not only in hospitals but throughout the country by building safe paths / roads to ensure a better accessibility for the population to reach one of the numerous health care centres. By improving the safety of flying and airports, a better distribution of nutrition and medicine or doctors would be possible which would also result in higher living standards for the rural areas.

Second, more access to (affordable) education concerning health care and prevention. To achieve this, the focus has to be laid on early-age education (primary school etc.). Children have to get aware of avoidable diseases (such as AIDS, Rubies, etc.) and the possibilities to overcome them. Another option would be education through the connection of rural regional communities especially the village elder. The whole community/village trusts him as he is seen as a wise, experienced and trustworthy source of information. Advices and recommendations coming from him are more likely to be accepted and realized than those coming from strangers.

Additionally, providing some nationwide insurance would ensure that the number of deaths solely due to lack of money for proper health care would decrease. It should not be a question of money whether a child delivery can be done within a safe environment or not. A delivery is still expensive for the less well situated part of the population (figures see 5.4.) All the more important that hospitals provide charity programs themselves (see Dhulikhel Hospital) – that way many babies can be saved each year. So far this topic has been mainly tackled by private institutions but also public authorities and providers are to develop systems for the support of the whole population.

Apart from that, many more issues need improvement and have to be tackled by society. More midwives would be necessary to ensure a safe birth environment especially in rural areas. If more hospitals like the Dhulikhel hospital would exist, the current situation would probably already be a lot better showing in a decrease in numbers of child-death. It is valuable for the health system that individuals have the local recognition and international support to take first steps towards an extensive number of health care offers and facilities. It can allow positive thoughts when thinking about the future of health care in Nepal.

However, any implementation or strategy will not be successful if one does not include and consider the cultural differences which exist amongst the Nepali population and their partially quite different approach and attitude towards various points such as health care, authorities, insurance, and life-style. An implemented strategy will only be sustainable and successful if it is developed and adapted to the different groups and subcultures so everyone can access health care without having to break personal boundaries.

REFERENCES

Central Bureau of Statistics, Government of Nepal. (2004) *Nepal Living Standard Survey 2003/04.* [Internet]. Kathmandu. Available from <www.cbs.gov.np/nada/index.php/ddibrowser/9/download/58> [accessed 31 May 2012].

Dhulikhel Hospital. (2011) *Dhulikhel Hospital* [Internet], available from <www.dhulikhelhospital.org> [accessed 25 May 2012].

Ministry of Health and Population. (2009) *Nepal National Health Account 2003/04 to 2005/06* [Internet]. Kathmandu. Available from <http://www.who.int/nha/country/npl/Nepal_NHA_2003_4-2005_6.pdf> [accessed 3 June 2012].

Ministry of Health and Population. (2009) *Public Expenditure Review on Health Sector 2003/04 to 2005/06* [Internet]. Kathmandu. Available from <www.mohp.gov.np/english/publication/Public%20Expenditure%20Review%20of%20Health.pdf>. [accessed 31 May 2012].

Nepali Med Holland. (2010*) Nepali Med Holland* [Internet], available from <www.nepalimed.nl>. [accessed 31 May 2012].

Personal communication throughout a field trip to Nepal, May, 2012 with employees of the hospital, health care experts, and Dr. Shrestha.

personal experience throughout a field trip to Nepal, May 2012

UNICEF. (2010*) UNICEF Nepal* [Internet], available from <www.unicef.org/infobycountry/nepal_nepal_statistics.html>. [accessed 25 May 2012].

World Health Organization. (2012) *Nepal* [Internet], available from <www.who.int>. [accessed 31 May 2012].

ORGANIC FARMING – RESPECT FOR NATURE. TRENDS AND ASPECTS OF DEVELOPMENT OF AGRO-TOURISM

Victoria Arthofer, 2012

INTRODUCTION

Increasing consciousness for sustainability and the world's focus on new solutions for our challenges; organic farming is one of the key factors that are more and more interest gaining. There are various accepted ideals around the term organic farming, as there is not one universally accepted definition of it. Regarding to the IFOAM – the International Federation of Organic Agricultural Movements – in March 2008 the World Board approved the definition of Organic Farming to be "a production system that sustains within the process the health of soils, ecosystems and people." The idea behind is to avoid artificial inputs but rather rely on ecological processes, biodiversity and cycles that are in concert with local conditions. It is working with a combination of science, innovation and tradition to work on fair relationships as well as good quality of life for all involved parties.

This paper defines a basic explanation and different types of Organic Farming. A detailed description on some possibilities will be given on the example of the project EVON – Everything Organic Nursery - established in 2010 by Judith Chase in Nepal. By visiting the demonstration farm in Patlekhet the author of this paper was able to get a good insight of the idea behind the projects. The farm Everything Organic Nursery is owned by Judith Chase and Jim Danish.

The objective was to understand the term Organic Farming as well as the importance of respect for nature and sustainability hand in hand with basic health and stability of natural systems. At the same time visiting the site of EVON gave a chance to see the practical use of different techniques as well as possibilities to attend trainings and workshops.

Agricultural Methods

Agriculture is one of the most basic activities as man had always and will always have to nourish themselves day after day. Today, according to the United States Census Bureau, an estimated number of more than 7 billion people live on our planet. Modern techniques would make it possible to provide food for about 12 billion people. For those who live on the planet there would be already sufficient food and still more than 30 million people, most of them in development countries, but also in Industrial- and transformation countries are suffering hunger and malnutrition.

Reasons for this unequal distribution are various and reach from poverty, to little access of resources, agro politics, trade, conflicts and wars as well as climate. In reference to these and other reasons the trend of sustainability and fairness is increasingly developing, in this paper a detailed description in terms of sustainable agriculture instead of mass production.

OXFAM addresses criticisms to the European agro politics. About 40 percent of EU financial aids account for aid to agriculture. Although mainly large farms benefits from these aids, they are distributed referring to stretch of land, no matter if soil, water or climate are protected, if biodiversity is preserved, if the production is socially fair or financial aids really needed. At the same time small farms suffer, which hardly benefit from these financial aids.

This example should show that with this failing EU agro politics not only European farmers are affected. It affects also people in poorer countries as the excessive production makes it possible to export products for dumping prices with which local producers in development countries are not able to compete.

Therefore, instead of mass production it is vital to develop consciousness of importance of sustainable and ecological agriculture. Resources are decreasing, which means resource-efficient and soil improvement should be further developed and with practical use and examples distributed.

Mass productions are also more vulnerable to insects and diseases which mean an excessive and often unnecessary use of fertilizers or pesticides. This leads to an extreme degradation of food, water soil and entire ecosystems.

Organic Farming is based on various principles such as health, ecology, fairness and care. Health of human beings and communities rely on the health of the ecosystems they are living in. Referring to Organic Farming this means that only a healthy soil can grow healthy plant that can provide a healthy nutrition for animals and people. Organic produced food should support the preservation of physical, mental, social and ecological well-being. It also includes that OF is avoiding artificial fertilizers, pesticides or other food additives in order to maintain high quality products for health as well as a healthy environment.

The principle of ecology stands for the balance of farming and natural cycles, as agriculture should adapt to given conditions, ecology and culture. Any artificial inputs must be reduced, for example by reuse and recycling as well as efficient management of materials and energy. This helps to safe resources as well as optimizes environmental quality. The ecological balance of humans, landscapes, biodiversity, air and water should be protected by those who produce, process, trade or consume.

Fairness, the fourth principle Organic Farming is based on focuses on those who are involved in organic agriculture. The aim is to produce sufficient supply of good quality food and other products without exploiting but ensuring fairness at all levels and parties, such as farmers, workers, distributors, traders and consumers.

Responsibility and precaution should ensure the protection of health and well-being for present and future generations as well as the environment: this is the main focus of the last principle; Care.

As there are various terms of organic farming, there are various principles and types or organic agriculture. Still there are some common "good agricultural practices" that can be found in various types of "alternative" agriculture. SUSTAINET includes some of following criteria for positive agricultural practices:
-   Measurable performance and impact; such as higher harvest or long term food security.
-   Transferability; means that used practices should be transferable to and usable in other regions, this leads to local applicability. Practices should be easy to understand as well as locally usable. This would lead to a general higher acceptance.
-   Sustainability: ecofriendly, ecological and financial sustainability, technical adaption as well as social and cultural compatibility are of essential meaning.
-   Ecofriendly means that the practices should have a positive impact on the environment as well as support the improvement of the soil and balance the biodiversity and the general water supply.
-   Good practices should have a long term economic benefit for family and rural communities and be supportive for income and a balanced food security.

- Further these practices should be socially and culturally accepted. It is important that local traditions and believes are considered and respected.

Judith Chase says that there are several reasons to shift to organic now and that organic farmers with experience around the world agree on the health and stability of natural systems.

Everything Organic Nursery by Judith Chase

EVON´s goals are to support Nepali farmers to improve their quality of life and economic standards of living. Practices that are used are introduction of innovative practices as well as high value crops. EVON was established in 2010 by Judith Chase in Patlekhet, Nepal. The overall aim was to recognize the wealth and health of traditional Nepali rural life.

What Judith is doing today, after more than 30 years of research, is trying to show, teach and share. Governments all over the world are trying to feed (more and more) people, in Nepal for example the government is opening up in comparison to 10 years ago and no exploring more possibilities of organic farming.

Judith´s work is based on the principle of "Nepali *bio-intensive*". Alan Chadwick brought together the ideas of Biodynamics, developed by Rudolf Steiner - Biodynamics is defined as "*a spiritual-ethical-ecological approach to agriculture, food production and nutrition*" - and French intensive gardening. John Jeavons further developed these approaches to form what he called "Grow Bio-intensive" to provide farming and gardening methods for an inexpensive and easily implemented sustainable production. People who do not have access to resources or avoid implementing chemicals in agriculture can easily use these methods.

Bio-dynamics was firstly generated by Dr. Rudolf Steiner in the early 1920´s. He based this approach on personal spiritual insights and practical suggestions. Until today Steiner´s perceptions of social and economic life as well as agriculture are until today an inspiration for most biodynamic farmers and initiatives, seeking to contain "triple bottom line approaches", speaking about ecological, social and economic sustainability. The example of CSA – Community supported agriculture shows how biodynamic experts cooperate with other farmers, restaurants and hotels and other public institutions such as schools, medical and wellness facilities or homes for social therapy organizations. This should visualize the potential of this movement of new thinking and practices in all aspects of life.

French-intensive-gardening refers to a technique of planting and growing that´s purpose is to optimize and increase the harvest. It is designed of a combination of biodynamic agriculture special modification to the common garden structure and planting systems. It includes raised beds, working of the soil and tightly spacing of plants. Advantages are that productivity highly increases and that this gardening style is very efficient. Further if the garden is designed well, it makes it possible to produce quite an amount of fruit and vegetables in a very small space. Judith developed these methods further for the special approach in Nepal. She also formed a plant protection planting system which is basically referring to the health of diversity. EVON also works with a series of non-chemical pesticides, such as cow urine, ashes or special seeds.

EVON projects include five different program areas.

- The demonstration farm which the author visited with a University Group provides possibilities of an insight in the practical use of various methods. Farmers, agencies or government employees are invited to witness the successful demonstration of the practices
- Once a week the farm offers trainings for those who are interested. These courses also provide information adapted to special interests and needs of attendees.
- Bio-intensive extension programs include that after the trainings seeds, seedlings and trees are provided.
- Participants agree to support the project with marketing their produce and outcomes.
- Research – finding best options in order to improve quality and fertility of the soil is another part of the various programs. Within the project there are continuous experiments to explore alternative options to work against insect and disease problems.

Referring to the authors' notes and insights while observing the sight, Judith´s Organic Farm appears as a healthy and rich environment. It all started with some seeds and Italian friend gave to Judith and today pears, apples, tomatoes, blackberries, herbs like dill or purple basil, lettuces, cherries, strawberries, figs, grapes are only a few of the wide range of vegetables that are grown on about one hectare.

The main emphasis is on research of how vegetables, fruit and nuts are most adaptable and produce well in Nepalese environment. Another interesting aspect of the research objectives is to find out, which products fit for Nepalese diet and which Nepalese like and not like as this also influences which products sell in the city and which do not. Still it is not the main target right now to sell on the market but provide sufficient to guarantee a self-supply.

At the moment production on the farm is emphasizing on growing fruit and nuts like almonds, walnuts or macadamia as these are easy to produce and would definitely fit in Nepalese ecosystems. Still Nepal imports estimated 90% of fruit and 99% of nuts from China and India. Workshops and training should encourage local farmers to include fruit and nut trees to their farm and production to provide these to their family as well as for marketing the results.

Some of the biggest natural problems the farm is facing are grubs and some that are similar to a scarabaeus beetle. Although the idea is not to eliminate insects as there would be no balance within the ecosystem. The idea is more to use natural methods like Ayurveda that repels insects. It would also be effective for repelling
Refuse are used to provide seeds for following seasons. Judith is also using these seeds to provide them too local farmers who are willing to adapt these approaches.

Marketing of seeds – *organic nursery* – a major part in Judith's´ work
As seeds are selected very carefully, their quality and therefor quality of crops also improve. Other advantages of this method for farmers are that the required seeds are available at the right time of the year as well as that the seeds are adapted to local climate and the soil.
Further the farmers can improve their income and support the conservation of bio-diversity.
Judith is very optimistic for Nepal as it is relatively small as well as that people are easier to convince today. At the beginning the department of agriculture was not very satisfied with implementing new approaches, but today people are more open minded.

Earlier the government through some fertilizers and chemicals in rice fields to increase production but it was very bad for the soil.

In October 2011 Everything Organic Nursery Pvt. Ltd in Patlekhet carried out a preliminary comparison research on 3 planting methods. The three methods were Nepali bio intensive, Traditional Nepali and Sheet Compost. The beds were planted under the same conditions, which include same time, same number of vegetable variety and same care. The results show a clear trend towards certain planting systems and are a good indicator, still need to be repeated. Best results so far were gained with Nepali bio intensive and Sheet Compost.
Another question that should be answered is usability: based on a balance between Earth, Water, Sun, Air and Space, resulting in Health the methods may be used in a few steps. Though these steps require some work at the beginning, these are still adaptable to every household garden.
Main requirement for best results is deep digging, also to include compost making, as good compost is the most important aspect of an organic garden. Adapted to Nepali conditions steps in deep digging include to remove some soil, do add green leafy material, add soil again and repeat this process a few times. The finishing includes a mixture of topsoil and composted manure for the top layer, where the plants will be planted on the same day.
Also Judith provides usable information and methods how to deal with insects without using chemicals and keeping the diverse environment in a healthy balance. She also works with a natural insect repellent, a mixture of Neem oil and cow urine.

From personal experience the author may mention that, especially referring to the deep digging method, this form of gardening and planting is simple, usable and effective.

Everything Organic Nursery - a Summary
From an ecological point of view sustainable agriculture should support the fertility of the soil as well as to conserve and improve a good quality of water. Further it should support the improvement of biodiversity and help to save energy. Looking at economic aspects sustainable, organic farming should improve income relations and provide certain income stability for farmers. For long term results is should support the improvement of the nutrition situation as well as ensure access to food. Income security in agriculture should be able to compete with other employment and income opportunities.

Social aspects of organic farming have to involve discriminated and disadvantaged farmers in the development. Social customs, traditions and standards have to be considered. The distribution of local knowledge, labor and income between members of a household, genders and generations should be balanced and fair. This should stimulate an equitable access to land, water, innovations. Further it gives farmers the opportunity to improve their skills and knowledge.
On the same farm, training and insights for tourists and visitors are possible as well. The neighborhood provides accommodation and home stays in traditional Nepali hospitality.

TOURISM ASPECTS AND DISCUSSION
Global changes in society and economy as well as climate changes do not only force further changes in traditional industries, such as agriculture. Another major industry that is affected by these changes is Tourism.

Facing problems like world hunger, climate change, economic crisis and social instabilities people started to question their situation, habits and future perspective. Earlier, people of the so called "fun-society" traveled for the joy itself. Over the years values and priorities changed. For the society of duty, during the 50s and 60s, materialism was one of the main priorities. In the 1970s and 1980s, the fun-society focused on money, "I" and joy, hedonism was the main priority. Today people are searching for alternative paths and possibilities. Knowledge, well-being, friendship, meaning and spirituality are important. Further tourists are more and more buying individual journeys and do not like the feeling of consuming a mass product. People today are so called "positive egoists", which means focused on themselves in a positive way. They search for things that are good from them, their body and their soul and what brings them further in life. Luxury goods of the future are not money and only 5-star-accommodation. People try to escape and seek for time, silence, space, environment, security and care.

Tourism has an impact on quality of life as does the quality of life on tourism. Fariborz Aref describes the effects of tourism on quality of life as follows:

- Material well-being must be given: costs of living should be covered, income and employment provided.
- Health and safety well-being are essential to motivate people to travel
- Both, material well-being and health and safety have influence on the well-being of the community, like appreciation or dissatisfaction with not only the neighborhood, which leads to
- Emotional well-being may be satisfied in leisure and spiritual well-being.
- Depending on how these factors are satisfied quality of life will be given.

Guests buy quality of life. Well-being of body and soul, knowledge, friendship and relations, simplicity and reduction and meaning should be included in *"the product"*. Further tourism may have an impact on the quality of life on both, traveler and residents.

General motivations why people travel would include physical reasons like rest, relaxation and health or social and cultural reasons, for example sports and religion. Other important motivations for traveling are interpersonal; Visiting friends and family and economic; more and more people travel for business. Therefore most of the reasons why people travel would help to increase their own perception of quality of life and general well-being.

Today's issues in society such as excessive materialism influences, stress and concerns about poverty, global warming, terrorism and population growth what people seek from their travel experiences; personal meaning, knowledge, spirituality to name the most important trends. Clear trends in Tourism show that people are searching knowledge and meaning. They wish to travel more individual, still organized. People are looking for alternative ways of living and are aware of the importance of sustainability. They choose their destinations by "greenness", spirituality or variety of activities. Pilgrimage and self-realization are other trends in Tourism. Green Tourism, Eco-Tourism, sustainable tourism, study trips and the search for meaning: people from industrialized countries escape more and more from a busy daily life, from cities, from industrialized produced food products and polluted air. They seek for nature, air, a sense of freedom and back to basics. Within these various forms of tourism outdoor activities, pilgrimage or home stays find good possibilities to develop.

Judith's work is deeply connected to community involvement. She is focusing on the work with locals and is trying to train them. Farmers in Nepal who are interested get free training and seeds adapt these approaches. Therefore besides organic training they are supporting the community in other ways.

One example would be the development of tourism in the region. In the neighborhood and the village 21 houses provide home stays for visitors. Possibilities for living with the locals as well as to attend the training exist for individuals as well as for groups. Judith and Jim support arrangements and the organization for visitors. Some stay for a view days, working on the farm, attending the trainings while others only come for the day. One important aspect on the EVON farm for future tourism and risk management would be to diversify the income as at the moment, some groups are charged per day and person when attending the course while others, often individual travelers without a Travel Agency or similar behind may stay for free to work and learn on the farm.

A combination of working on the farm and living with locals offers a variety of what people are looking for. Different activities are offered, like milking cows, walking through the forest and other villages or visiting a Tibetan Buddhist monastery, Namabodha. Staying in the village is a well-balanced package of sharing and gaining new knowledge in religion, culture and agriculture. There are treks and mountains and the unique possibility to experience traditional Nepali hospitality. On the same hand people have the chance to attend trainings on the organic farm and to learn different approaches for the use at home. It show alternative ways of living and should help to create awareness.

Awareness and respect are not only important towards the locals but towards themselves, the environment, people and society, nutrition and food production.

Down-to-earth-tourism is combined with education, consciousness, sustainability and new quality of life.

Agro-tourism is a new definition of a trend

Referring to GTZ – Deutsche Gesellschaft für Technische Zusammenarbeit – Agro-tourism defines a type of tourism where rural culture is se t in a tourism value. This concept is a direct expansion of ecotourism. It includes that people visit farms for the purpose of enjoyment, education and other active involvement. Agro-tourism is mainly promoted with cultural and not just natural landscapes. If the offers for tourists support an income improvement of rural habitants, Agro-tourism may support regional development. Activities on the farms may include wild-watching, horseback riding, wine tasting, harvest festivals, farm stays or petting zoos.

Other examples besides EVON in Nepal for Agro-tourism would be Criollo-horses in Costa Rica, which attract visitors for horse-riding-holidays, like the Lesotho-Pony in South-Africa. In the highlands of Peru and Bolivia people come to visit the "ferias de semillas" – seed markets, where women offer various types of potatoes and other plants.

To develop Agro tourism various requirements need to be fulfilled:
- Nature should be widely native, or only small-scaled structured cultivated landscape
- Besides natural a region needs beauty cultural, historical and natural attractions
- Good transport connections are essential
- A certain infrastructure must be provided, such as accommodation and transport
- The political situation should be stable
- The population must accept tourism; they should want to have it.

Thoughtful planned agro-tourism may be a contribution to protect resources such as flora and fauna. Therefore especially development countries and emerging nations should try to build up some form of Agro tourism, if possibilities, such as unique plant and animal variety are given.

At the same time it is important to collect traditional knowledge about caring and usage about breeds and plant varieties. Alternatives need to be carefully adapted to local circumstances. All approaches that may be implemented make optimal use of local resources and consider residents´ welfare and take their social and natural environment in account.

To sum it up, looking at the example of EVON, Agro Tourism may support the regional development in terms of economy and therefore income and material well-being. This could support the development of facilities for health and for the community.

Risks may be the "duty of care" – it will be essential to protect environment and culture, even though profit with tourism will be attractive to locals and various organizations. This means the local population has to be aware of the importance of their heritage, their goods and culture and must be willing to protect it and develop tourism in a sustainable way! Generally are various chances and risks from both point of views, agriculture and tourism, when developing a new agro-tourism destination.

Christoph Wydler from the ITW Institute for Tourism Economy defines a list of chances and risks for tourism and agriculture ones a agro-tourism product should be developed. Further the success of the product is depending on a list of factors, like global influence, demand, attractions, vendors or accessibility that have influence on the development of competiveness of the offers.

Chances for Agriculture are definitely the high demand, as the holidays that are offered are stays with a high learning effect and unique experiences for every generation. Agro-tourism also focuses on the target group of health-conscious travelers and nature-bound visitors. Further developing a tourism product would mean an additional income source for farmers.

Risks for Agriculture lay definitely in the underestimation of the effort and growing competition. The farm has to provide enough facilities for visitors, such as rooms and bath rooms and whatever is needed for a though comfortable stay. Though aware of the fact that holidays on a farm are not holidays in a five-star-hotel, guests still do have high demands and want to be satisfied and comfortable. The major risk that comes with that is the loss of authenticity of the way of living on the farm. Further it is difficult to sell the product via big channels, such as travel agencies, as the product is not standardized or only available in small amounts.

Complementary new offers, such as day trips are good chances for Tourism. This would attract new visitors and gives a possibility of differentiation in target groups. Agro-tourism is interesting for families, young people and the new old who are looking for new experiences and new ways of living.

Risks for Tourism would be the lack in quality, as farms are run by private people and not tourism professionals. Further the offers are often not really connected to other opportunities and distribution channels. Also vendors often do not easily cooperate when it comes to professional marketing of the products.

In Nepal, people find it all: mountains, nature, quiet villages, cultural heritages, time, relaxation and spirituality. All of that may come hand in hand with some physical effort and work: people do not mind anymore to align performance by hard work when they are on holiday, as those who may choose to visit EVON know how much they will receive back if they put some effort in.

Referring to ECEAT, the European Center for Eco Agro Tourism, sustainable tourism may be a solution: within this concept, interests of visitors and local communities are conserved. There it is important to plan the development of Agro-tourism within an area very careful and with high involvement and interest of the local population. Most important is that the habitants identify with the product and are involved in the designing process. They should be aware of the importance of conservation of their working and living environment as well as benefit from the chances that tourism may offer. Even more tourism and agro-tourism should help to increase not only visitors' quality of life but improve standards of living of people living in the region by increasing their income and providing employment and the sharing of knowledge.

As Judith mentioned when the farm was visited she does not want the farm to be developed as a tourism product. The aim of Everything Organic Nursery is to train locals, provide seeds and to create awareness about the importance of sustainable growth, effective growth and alternative approaches. They are happy to welcome individual travelers as well as to work with groups to provide training and to spread the knowledge. Still this is not the first priority.

CONCLUSION

EVON, Everything Organic Nursery was established in 2010 by Judith Chase and is owned by her and Jim Danisch. On this farm it is possible to get an insight of the practical use of different organic growth methods and to understand the importance of sustainability and stability of natural systems. The work on the farm is mainly based on the approach of "Nepali *bio-intensive*", which is a combination of the ideas of Bio-dynamics by Rudolf Steiner and French intensive gardening. By attending trainings on the farm, locals as well as visitors have the possibility to gain new knowledge about different growing-methods as well as how to use them. Further farmers will receive free seeds for their own farms, when they support the marketing of the approaches and methods.

The organic farm is mainly a research project. On the farm research is focusing on type of plants that grow well in Nepals´ climate as well as which plants adapt well. Further various planting methods are used to compare results and work on improvement.

Together with local farmers traditional working methods are combined with research results. The farm is providing training for interested locals as well as offering training and accommodation in home stays for visitors.

Slowly a form of soft tourism is developing in the region, home stays in 21 houses in the village are offered. Education, agriculture and tourism are combined in a sustainable way.

This leads to the definition of the term Agro-tourism, which stands for a form of tourism where people visit farms for enjoyment, education and active involvement in farm activities. Therefore rural culture is set in a tourism value and may provide additional income for famers and rural habitants. This means that Agro-tourism may function as a form of regional development aid.

Agro-tourism offers various chances for both, tourism and agriculture as well as certain risks that have to be considered. Chances would include the opportunity of regional development and increase of income while risks would be the loss of authenticity and growing competition.

REFERENCES

AGRO-TOURISMUS, Agrotourismus und landwirtschaftliche Vielfalt [online] available at: http://www.conservation-development.net/Projekte/Nachhaltigkeit/(03.07.2012)

Aref, Fariborze (2011): The effects of tourism on Quality of Life [online] available at: http://www.lifesciencesite.com/lsj/life0802/05_4594life0802_26_30.pdf (30.06.2012)

Biodynamics.com (2012): What is biodynamics? [online] available at: https://www.biodynamics.com/biodynamics (28.06.2012)

Boehringer, Alfhild (2012): Nachhaltigkeit statt Massenproduktion. Für eine neue EU Agrarpolitik [online], available at: http://www.oxfam.de/blog/alfhild-boehringer/nachhaltigkeit-statt-massenproduktion-%E2%80%93-neue-eu-agrarpolitik (28.06.2012)

Bundeszentrale für politische Bildung (2009): Welternährung - Auf dem Acker wächst genug für alle [online], available at: http://www.bpb.de/gesellschaft/umwelt/dossier-umwelt/61268/welternaehrung (28.06.2012)

Chase, Judith (2010): Everything Organic Nursery [online], available at: http://everythingorganicnursery.com/index.html (16.06.2012)

Dwyer, Larry /Edwards, Deborah / Mistilis, Nina / Roman, Carolina /Scott, Noel / Cooper, Chris: Tourism Trends, Megatrends underpinning tourism [online] available at: http://www.crctourism.com.au/wms/upload/images/disc%20of%20images%20and%20pdfs/for%20bookshop/documents/FactSheets/80046_Dwyer_SUMMARY_SHEET.pdf [28.06.2012]

ECEAT – Sustainable tourism, farm holidays [online] available at http://www.eceat.nl/home_en.htm (03.07.2012)

French Intensive Gardening (2003-2012): What is French intensive gardening? [online] http://www.wisegeek.com/what-is-french-intensive-gardening.htm (28.06.2012)

IFOAM – International Federation of Organic Agriculture Movements (2009): Principles of Organic Agriculture [online], available at: http://www.ifoam.org/about_ifoam/principles/index.html (28.06.2012)

ORCA (2010): Agro-Tourism [online] available at: http://www.orca-research.org/orca-topics-agro-tourism.html (03.07.2012)

Sustainet (2003): Grundlagen – Nachhaltige Landwirtschaft [online], available at: http://www.sustainet.org/de/nachhaltigkeit.htm (28.06.2012)

Wilson, Gregory (2011): Search for inner peace, considering the spiritual movement in Tourism [online], available at: http://www.icptr.com/wp-content/uploads/2011/06/The-Search-for-Inner-Peace.pdf (30.06.2012)

Other Sources

Notes and personal insights, Victoria Arthofer, Nepal, May 2012

Everything Organic Nursery, Patlekhet Nepal; Judith Chase, Jim Danisch, 2010